基于创新思维的大学生创新创业能力培养研究

邓 峰 著

北京工业大学出版社

图书在版编目（CIP）数据

基于创新思维的大学生创新创业能力培养研究 / 邓峰著． — 北京 ： 北京工业大学出版社，2021.2

ISBN 978-7-5639-7843-4

Ⅰ．①基… Ⅱ．①邓… Ⅲ．①大学生－创业－能力培养－研究 Ⅳ．① G647.38

中国版本图书馆 CIP 数据核字（2021）第 034117 号

基于创新思维的大学生创新创业能力培养研究

JIYU CHUANGXIN SIWEI DE DAXUESHENG CHUANGXIN CHUANGYE NENGLI PEIYANG YANJIU

著　　者： 邓　峰
责任编辑： 任军锋
封面设计： 点墨轩阁
出版发行： 北京工业大学出版社
　　　　　　（北京市朝阳区平乐园 100 号　邮编：100124）
　　　　　　010-67391722（传真）　bgdcbs@sina.com
经销单位： 全国各地新华书店
承印单位： 天津和萱印刷有限公司
开　　本： 710 毫米 ×1000 毫米　1/16
印　　张： 11.25
字　　数： 225 千字
版　　次： 2022 年 6 月第 1 版
印　　次： 2022 年 6 月第 1 次印刷
标准书号： ISBN 978-7-5639-7843-4
定　　价： 72.00 元

前　　言

　　《基于创新思维的大学生创新创业能力培养研究》是一本从创新思维视角研究大学生创新创业能力培养的专著。本书在阐述创新思维的含义、原理、特征、特点、作用及意义的基础上，对创新思维的训练方法进行了介绍，并对创新思维视角下大学生创新创业教育的理论基础进行了系统的探究。同时，本书还对我国大学生就业形势进行了分析，并针对我国大学生创新创业能力培养的现状，提出了相应的对策和建议，旨在为提高我国大学生创新创业教育水平提供理论上的指导。

目　　录

第一章 创新创业概述

第一节 创新创业的含义与类型

一、创新的含义与类型

（一）创新的含义

"创新是一个民族进步的灵魂，是一个国家兴旺发达的不竭动力，也是一个政党永葆生机的源泉。"这是江泽民同志总结 20 世纪世界各国政党，特别是中国共产党兴衰成败的历史经验和教训得出的结论。十八大以来，习近平总书记关于科技创新的重要讲话也告诉人们："科技是国家强盛之基，创新是民族进步之魂。"

近代以来人类文明进步所取得的丰硕成果，主要得益于科学发现、技术创新和工程技术的不断进步，得益于科学技术应用于生产实践中形成的先进生产力，得益于近代启蒙运动带来的人们思想观念的巨大解放。可以这样说，人类社会从低级到高级、从简单到复杂、从原始到现代的进化历程，就是一个不断创新的过程。不同民族发展的速度有快有慢，发展的阶段有先有后，发展的水平有高有低，究其原因，民族创新能力的高低是主要因素之一。

什么是创新？简单地说就是利用已存在的自然资源或社会要素创造新的矛盾共同体的行为，或者可以认为是对旧有的一切所进行的替代、覆盖。一般意义上，创新是指在判断或改变旧事物的过程中做出新的发现、提出新的见解、开拓新的领域、解决新的问题、创造新的事物，或者能够对前人、他人已有的成果为了某种目的进行创造性应用。简单地说，创新就是创造新事物。这里的"新事物"，包括新产品、新技术、新思想、新方法、新的教育方法、新的管理模式、

1

新的用人机制、新的经济体制等，涵盖了所有有形事物、无形事物、物质文明成果和精神文明成果。

1. 创新的定义

创新是以新思维、新发明和新描述为特征的一种概念化过程，起源于拉丁语。它原意有三层含义：更新、创造新的东西、改变。创新是人类特有的认识能力和实践能力，是人类主观能动性的高级表现形式，是推动民族进步和社会发展的不竭动力。一个民族要想走在时代前列，就要不断进行理论创新。创新在经济、商业、技术、会计学以及建筑学等领域的研究中有着举足轻重的作用。在口语中，"创新"一词经常用于表示改革的结果。既然改革被视为经济发展的主要推动力，那么促进创新的因素也至关重要。

创新概念起源于经济学家熊彼特1912年出版的《经济发展概论》。熊彼特提出，创新是指把一种新的生产要素和生产条件的"新结合"引入生产体系。它包括四种情况，即引入一种新产品，引入一种新的生产方法，开辟一个新的市场，获得原材料或半成品的一种新的供应来源。熊彼特的创新概念包含的范围很广，如涉及技术性变化的创新及非技术性变化的创新。

到了20世纪60年代，新技术革命迅猛发展。美国经济学家华尔特·罗斯托提出了"起飞"六阶段理论，将"创新"的概念发展为"技术创新"，将"技术创新"提高到"创新"的主导地位。

1962年，伊诺思在《石油加工业中的发明与创新》一文中首次明确地对"技术创新"下了定义："技术创新是几种行为综合的结果，这些行为包括发明的选择、资本投入保证、组织建立、制订计划、招用工人和开辟市场等。"伊诺思是从行为的集合的角度来下定义的。而首次从创新时序过程角度定义技术创新的林恩认为，技术创新是"始于对技术的商业潜力的认识而终于将其完全转化为商业化产品的整个行为过程"。

美国国家科学基金会（National Science Foundation，NSF）从20世纪60年代开始组织对技术变革和技术创新的研究。经济学家迈尔斯和马奎斯作为主要的倡议者与参与者，在其1969年的研究报告《成功的工业创新》中将创新定义为技术变革的集合，认为技术创新是一个复杂的活动过程，从新思想、新概念开始，通过不断地解决各种问题，最终使一个有经济价值和社会价值的新项目得到实际的成功应用。到20世纪70年代后半期，他们扩大了对技术创新的界定范围，在NSF报告《1976年：科学指示器》中，将技术创新定义为"将新的或改进的产品、过程或服务引入市场"，明确地将模仿和不需要引入新技术作为最终层次上的两类创新划入技术创新定义范围。

20 世纪七八十年代，学者对创新进行深入研究，开始形成系统的理论。厄特巴克在 20 世纪 70 年代的创新研究中独树一帜。他在 1974 年发表的《产业创新与技术扩散》中认为："与发明或技术样品相区别，创新就是技术的实际采用或首次应用。"缪尔赛在 20 世纪 80 年代中期对技术创新概念进行了系统的整理分析。在整理分析的基础上，他认为"技术创新是以其构思新颖性和成功实现为特征的有意义的非连续性事件"。

著名学者弗里曼把创新对象限定为规范化的重要创新。他从经济学的角度考虑创新，认为技术创新在经济学上的意义只是包括新产品、新过程、新系统和新装备等形式在内的技术向商业化的首次转化。他在 1973 年发表的《工业创新中的成功与失败研究》中认为："技术创新是一个技术的、工艺的和商业化的全过程，其导致新产品的市场实现和新技术工艺与装备的商业化应用。"其后，他在 1982 年的《工业创新经济学》修订本中明确指出，技术创新就是指新产品、新过程、新系统和新服务的首次商业性转化。

20 世纪 80 年代以来，我国也开始了技术创新方面的研究。傅家骥教授对技术创新的定义是企业家抓住市场的潜在赢利机会，以获取商业利益为目标，重新组织生产条件和要素，建立起效能更强、效率更高和费用更低的生产经营方法，从而推出新的产品、新的生产（工艺）方法，开辟新的市场，获得新的原材料或半成品供给来源或建立企业新的组织。它包括科技、组织、商业和金融等一系列活动的综合过程。此定义是从企业的角度给出的。学者彭玉冰、白国红也从企业的角度为技术创新下了定义："企业技术创新是企业家对生产要素、生产条件、生产组织进行重新组合，以建立效能更好、效率更高的新生产体系，获得更大利润的过程。"

进入 21 世纪，在信息技术推动下，知识社会的形成及其对技术创新的影响进一步被认识，科学界进一步反思对创新的认识：技术创新是一个科技、经济一体化的过程，是技术进步与应用创新"双螺旋结构"（创新双螺旋）共同作用催生的产物，而且知识社会条件下以需求为导向、以人为本的创新 2.0 模式进一步得到关注。《复杂性科学视野下的科技创新》在对科技创新进行复杂性分析的基础上，指出了技术创新是各创新主体、创新要素交互作用下的一种复杂现象，是技术进步与应用创新的"双螺旋结构"共同演进的产物；信息通信技术的融合与发展推动了社会形态的变革，催生了知识社会，使传统的实验室边界逐步"融化"，进一步推动了科技创新模式的嬗变。完善科技创新体系急需构建以用户为中心、以需求为驱动、以社会实践为舞台的共同创新、开放创新的应用创新平台，形成有利于创新涌现的创新生态，打造以人为本的创新2.0模式。《创新2.0：知识社会环境下的创新民主化》进一步对面向知识社会的下一代创新，即创新2.0模式进行了分析，将创新2.0模式总结为以用户创新、大众创新、开放创新、共同创新为特点的，强化用户参与、以人为本的创新民主化。

2. 创新的内涵

马克思主义经济学的根本在于劳动概念，而创新是劳动的基本形式，是劳动实践的阶段性发展。基于科学的人类进化、自我创造的发展学说的经济学思想，是来自人类自我内在矛盾创造的实践思想。劳动价值论是马克思主义经济学的核心，揭示社会发展的本质变量，其在广义上是一切社会存在的基本决定要素。

创新劳动是劳动的阶段性发展，是对于同质劳动的超越。劳动的基本矛盾关系是劳动力与生产工具，劳动力与生产工具的发展推动生产力整体的革命性发展。创新是人类对于实践范畴的扩展性发现、创造的结果，在人类历史上首先表现为个人行为。在近代科学发展起来后，创新在不同领域就不断成为一种集体性行为。但个人的独立实践对于前沿科学的发现及创新依然起到引领作用。创新的社会化推动社会生产力的发展。

①人类创造自我的行为就是从发现、创新的质变到重复、积累的量变。对自然及社会的发现是创新的前提条件。人类来自自然物质世界，以创新自我的物质形态为起源，对社会本身的发现与创新构成新的社会关系。个人的发现及创新以各种信息系统传播形成社会化的大生产后就形成由普遍的人民主导的生产力体系。这个体系主要是重复新生产技术的生产过程，同时积累财富与实践。在某个时期被一个新的劳动者超越，这是一个质变与量变交替发展的阶段。

②在经济领域，创新是劳动的一个重要的阶段性成果，是生产力发展的阶段性标志。其是社会经济发展的前置因素，是形成规模性效益的源泉。创新与积累劳动形成经济发展的两大矛盾性劳动根源。创新的价值在于以新的生产方式重新配置生产要素形成新的生产，创造新形式的劳动成果或者更大规模的生产。其在于创新成果社会化过程对于经济领域的路径选择或者创造新的路径。创新价值是从个别主体的垄断价值向社会再生产的普遍价值的转化。

③创新行为的社会化与创新成果的社会化是相辅相成的。创新社会的形成依赖创新成果的有效社会化。创新成果的有效社会化同时也是创新劳动的社会

价值的体现。同时其创造了创新理念的社会化。从社会历史发展的过程看，创新的社会化根本是创新劳动行为的社会化。创新行为的社会化与分工的社会化结合在一起形成总体对于简单劳动的超越性发展。

④创新劳动的价值论在于创新成果的分配过程，分配又看所有制。从社会关系的发展史看，财富的流通过程就是形成社会各个主体间关系的直接路径。但社会财富的生产过程的生产分工才是分配最根本的通道，决定分工的竞争要素从根本上来说取决于劳动者的劳动素质。所以一项创新的价值直接来源于财富的分配、流通，从根本上反映了劳动者本人的劳动素质。

⑤创新劳动的根本特征是创新劳动者自我，劳动者的劳动是对于自我的劳动素质的创造。来自自然却是自我创造了自我的人格与生命的统一。人的内在矛盾要素都是人的自我创造，并处于有意识的连续发展中。人在一定实践范畴中，无时不在超越已有的生命经历。

⑥社会创新是社会人对于社会关系的创新性发展。其对于社会关系的内在本质和范畴的发现及创新是对于人类自我解放的自觉实践的反映。只有人类自我自觉地进行自我解放才可能完成真正的社会创新，才可能形成整体的社会革命性创新。社会的革命性创新依赖的是生产力的解放，是劳动人民内在自我解放能力的提升，是劳动科技中劳动者素质的提高及工具的整体进步。其最终表现为所有劳动者的社会化总体生产力的提升与劳动者作为人的存在的发展。

（二）创新的类型

创新虽有大小、层次之分，但无领域、范围之限。虽然创新的种类是无穷尽的，但是若按大的属性划分，可以粗略地分为知识创新、技术创新、管理创新和方法创新四大类。

1. 知识创新

知识创新就是对现有知识的构成要素进行新的组合或分解，是在现有知识基础上的进步或发展，是在现有知识基础上的发明或创造。知识是人们在探索、利用或改造世界的实践中所获得的认识和经验的总和。人们一般将知识分为自然科学知识和社会科学知识两类。因此，知识创新也可以进一步划分为自然科学知识创新和社会科学知识创新。

（1）自然科学知识创新

自然科学是研究自然界的各种物质或现象的科学。自然科学主要包括物理学、化学、动物学、植物学、矿物学、生理学、数学等。自然科学知识是人们在探索或改造自然界的各种物质或现象的实践中获得的认识和经验的总和。换言之，自然科学知识是人们在探索或改造自然的实践中获得的对物理学、化学、动物学、植物学、矿物学、生理学、数学等方面的各种物质或现象的认识和经验的总和。

自然科学知识创新就是对现有自然科学知识构成要素进行新的组合或分解，是在现有自然科学知识基础上的进步或发展，是在现有自然科学知识基础上的发明或创造。

（2）社会科学知识创新

社会科学是研究各种社会现象的科学。社会科学主要包括哲学、法律学、管理学、历史学、文艺学、美学、伦理学等。社会科学知识是人们在探索或改造社会的各种现象的实践中获得的认识和经验的总和，换言之，自然科学知识是人们在探索或改造社会的各种现象的实践中获得的对哲学、法律学、管理学、历史学、文艺学、美学、伦理学等方面的各种现象的认识和经验的总和。

社会科学知识创新就是对现有社会科学知识构成要素进行新的组合或分解，是在现有社会科学知识基础上的进步或发展，是在现有社会科学知识基础上的发明或创造。

2. 技术创新

技术创新就是对现有技术构成要素进行新的组合或分解，是在现有技术基础上的进步或发展，是在现有技术基础上的发明或创造。"技术"一词一般有两层含义：第一层含义是指人们在探索、利用和改造自然界与社会的各种物质或现象的过程中积累并在生产劳动或社会实践中体现的经验和知识；第二层含义泛指各种操作技巧。技术一般可以分为自然科学技术和社会科学技术两大类。技术创新也可以进一步分为自然科学技术创新和社会科学技术创新。

（1）自然科学技术创新

自然科学技术是人们在探索、利用和改造自然界的各种物质或现象的过程中积累并在生产劳动中体现的经验、知识和操作技巧。具体地说，自然科学技术就是人们在探索、利用和改造自然界的各种物质或现象的过程中积累并在生产劳动中体现的物理学、化学、动物学、植物学、矿物学、生理学、数学等学科领域的经验、知识和各种操作技巧。

自然科学技术创新就是对现有自然科学技术构成要素进行新的组合或分解，是在现有自然科学技术基础上的进步或发展，是在现有自然科学技术基础上的发明或创造。自然科学技术创新包括物理学、化学、动物学、植物学、矿物学、生理学、数学等学科领域的技术的创新。

（2）社会科学技术创新

社会科学技术是人们在探索、利用和改造社会的各种现象的过程中积累并在社会实践中体现的经验、知识和操作技巧。也就是说，社会科学技术就是人们在探索、利用和改造社会的各种现象的过程中积累并在社会实践中体现的哲学、法律学、管理学、历史学、文艺学、美学、伦理学等学科领域的经验、知识和各种操作技巧。

社会科学技术创新就是对现有社会科学技术构成要素进行新的组合或分解，是在现有社会科学技术基础上的进步或发展，是在现有社会科学技术基础上的发明或创造。社会科学技术创新包括哲学、法律学、管理学、历史学、文艺学、美学、伦理学等学科领域的技术的创新。

知识创新与技术创新作为人类创新活动的主要方面，互相之间具有复杂的交互作用。知识创新是技术创新的基础，技术创新是知识创新的应用与发展。

3. 管理创新

管理创新就是对现有管理构成要素进行新的组合或分解，是在现有管理基础上的进步或发展，是在现有管理基础上的发明或创造。"管理"一词一般有三个方面的含义：①负责某项工作，使其顺利进行；②保管和料理；③照管并约束。但是从本质上看，管理的主要构成要素是管理知识、管理方法。管理创新也可以进一步分为行政管理创新、企业管理创新、事业管理创新、团体管理创新和个人管理创新。

（1）行政管理创新

行政管理一般有两层含义：①行使国家权力的管理；②机关、企业、团体等内部的管理，但其管理的原理、规律和方法是相同或相似的。因此，这里探讨的行政管理既包括行使国家权力的管理，又包括机关、企业、团体等内部的管理。

行政管理创新是对现有行政管理构成要素进行新的组合或分解，是在现有行政管理基础上的进步或发展，是在现有行政管理基础上的发明或创造。行政管理创新既包括行使国家权力的管理创新，又包括机关、企业、团体等内部的管理创新。行政管理创新是行政管理知识创新、行政管理制度创新、行政管理技术创新和行政管理方法创新的总称。

（2）企业管理创新

企业管理是指从事生产、运输、贸易等经济活动部门（如工厂、矿山、铁路、

7

贸易公司等）的管理。企业管理的共性是企业部门按照经济核算的原则，独立计算盈亏。

企业管理创新是对现有企业管理构成要素进行新的组合或分解，是在现有企业管理基础上的进步或发展，是在现有企业管理基础上的发明或创造。企业管理创新是企业管理知识创新、企业管理制度创新、企业管理技术创新和企业管理方法创新的总称。

（3）事业管理创新

事业管理是指没有生产收入、由国家经费开支的部门（如学校、科研机构等）的管理。事业管理的共性是事业部门不进行经济核算。

事业管理创新是对现有事业管理构成要素进行新的组合或分解，是在现有事业管理基础上的进步或发展，是在现有事业管理基础上的发明或创造。事业管理创新是事业管理知识创新、事业管理制度创新、事业管理技术创新和事业管理方法创新的总称。

（4）团体管理创新

团体管理是指对由有共同的目的、志趣的人所组成的集体的管理。团体管理一般都具有行政管理、企业管理和事业管理的综合特征。

团体管理创新是对现有团体管理构成要素进行新的组合或分解，是在现有团体管理基础上的进步或发展，是在现有团体管理基础上的发明或创造。团体管理创新是团体管理知识创新、团体管理制度创新、团体管理技术创新和团体管理方法创新的总称。

（5）个人管理创新

个人管理主要是指对个人的管理，如家庭中的管理。个人管理具有灵活性和多样性特征。个人管理创新就是对现有个人管理构成要素进行新的组合或分解，是在现有个人管理基础上的进步或发展，是在现有个人管理基础上的发明或创造。

4. 方法创新

方法是指人们在探索、利用或改造世界的实践中积累的观察问题、分析问题或解决问题的途径、程序或诀窍等。虽然人类已有的方法和未来的方法的种类是无穷无尽的，但是它们的本质是相同或相似的。

方法创新就是对现有方法构成要素进行新的组合或分解，是在现有方法基础上的进步或发展，是在现有方法基础上的发明或创造。方法创新就是人们观察问题、分析问题或解决问题的途径、程序或诀窍的创新的总称。方法创新是永无止境的，其种类也是无穷无尽的。

二、创业的含义与类型

（一）创业的含义

创业是指某个人发现某种信息、资源、机会或掌握某种技术，利用或借用相应的平台或载体，将其发现的信息、资源、机会或掌握的技术，以一定的方式，转化、创造成更多的财富、价值，并实现某种追求或目标的过程。

创业就是创业者对自己拥有的资源或通过努力能够拥有的资源进行优化整合，从而创造更大经济或社会价值的过程。

创业就是利用创造创新的思维和方法，创造出某种对人类、对社会或者对个人有益的具体成果。创业是理论创新或科技创新等成果向实际生产力的转化，由实际过程和具体结果来体现。这里所说的创业结果，是指各种各样的企业和事业，而且具有好的经济效益和（或）社会效益。

通常意义上，创业是人类社会生活中最能体现人的主体性的一项社会实践活动。它是一种劳动方式，是一种需要创业者运用服务、技术、器物作业的思考、推理、判断的行为。创业有广义和狭义之分。广义的创业是指社会生活各个领域里人为地开创新的事业所从事的社会实践活动，其突出强调的是主体在能动性的社会实践中所体现的一种特定的精神、能力和行为方式。狭义的创业是一个经济学的范畴，是指主体以创造价值和就业机会为目的，通过组建一定的企业组织形式，为社会提供产品服务的经济活动。

创业成功带来的财富是巨大的，它不仅是个人能力的体现，还能为一部分人提供就业岗位，这也是对社会做出的贡献。而根据杰夫里·提蒙斯所著的创业教育领域的经典教科书《创业创造》的定义，创业是一种思考、推理和行为的方式，它为机会所驱动，需要在方法上全盘考虑并拥有和谐的领导能力。

创业具有以下四个特点：①是创造具有"更多价值的"新事物的过程；②需要贡献必要的时间，付出极大的努力；③承担必然存在的风险，如财务、精神、社会风险等；④能够获得报酬，如金钱、独立自主、个人满足。

创业是一种劳动方式，是一种"无中生有"的财富现象。创业过程充满了艰辛，还要坚持不懈地付出努力。渐进的成功也会给创业者带来无穷的欢乐与幸福。

创业作为商业领域的行为，致力于寻求创造新事物（新产品、新市场、新生产过程或材料，组织现有技术的新方法）的机会，以及运用各种方法。科尔1965年将创业定义为发起、维持和发展以利润为导向的企业的有目的性的行为。

史蒂文森、罗伯茨和苟斯拜客提出，创业是一个人——无论是独立的还是在一个组织内部追踪和捕捉机会的过程，这一过程与当时控制的资源无关。

（二）创业的类型

1. 创业者的类型

《科学投资》研究了国内上千例创业者案例，发现国内创业者基本可以分成以下几种类型。

（1）生存型创业者

此类创业者大多为下岗工人、失去土地或因为种种原因不愿困守乡村的农民，以及刚毕业找不到工作的大学生。这是我国数量最大的一批创业人群。清华大学的调查报告指出，这一类型的创业者占中国创业者总数的90%。其中许多人是为了谋生被"逼上梁山"的，一般创业范围均局限于商业贸易，少量从事实业，但也基本是规模不大的加工业。当然也有因为抓住机遇进入大中型企业的，但数量极少。仅仅想依靠机遇成就大业，早已经成为不切实际的幻想。

（2）变现型创业者

过去在党、政、军、行政、事业单位掌握一定权利，或者在国有、民营企业担任经理人期间聚拢了大量资源的人，在机会适当的时候，开公司办企业，实际是将过去的权利和市场关系变现，将无形资源变现为有形的货币。20世纪80年代末至90年代中期，第一类变现型创业者最多，现在则以第二类变现型创业者居多。

（3）主动型创业者

主动型创业者包括两种类型：一种是盲动型创业者；另一种是冷静型创业者。盲动型创业者大多极为自信，做事冲动。有人说，这种类型的创业者，大多同时是博彩爱好者，不太关注成功概率。冷静型创业者是创业者中的精华，其特点是谋定而后动，不打无准备之仗，或是掌握资源，或是拥有技术，一旦行动，成功概率通常很高。

2. 创业起步方式的类型

不同类型的创业者由于不同的动机而走上创业的道路，个人背景、生活经历等方面的差异会让他们选择不同的创业类型，也就是不同的起步方式。调查发现，创业起步方式的类型主要包括以下几种。

①离职创立新公司。新公司与创业者原来任职公司属于不同行业，但也面临激烈的市场竞争。

②新公司由原行业精英组成，集合众家之长，发挥竞争优势。

③创业者运用原有的专业技术与顾客关系创立新公司，能够提供比原公司更好的服务。

④接手一家营运中的小公司，快速实现个人创业梦想。

⑤创业者拥有专业技术，能预先察觉未来市场变化与顾客需求的新趋势，把握机会，创立新公司。

⑥针对特定的市场需求，自己创办公司，使之具有服务特殊市场的专业能力与竞争优势。

⑦创业者为创办新企业，在一个刚萌芽的新市场中进行创新，企图获得领先创新的竞争优势，但相对地，不确定性风险也比较高。

⑧离职创立新公司，产品或服务和原有公司相似，但是在流程与营销上有所创新，能提供让顾客更满意的产品与服务。

3. 创业模式的类型

以上主要是创业者的创业起步方式。就过程来看，根据创业者对市场的不同认识，人们多会采用以下四种创业模式。

（1）复制型创业

复制原有公司的经营模式，创新的成分很低。例如，某人原本在某餐厅担任厨师，后来离职自行创办了一家与原服务餐厅类似的新餐厅。新创公司虽然很大比例属于复制型创业，但由于这类创业的创新贡献率太低，缺乏创业精神的内涵，因此不是创业管理主要研究的对象，很少会被列入创业管理课程学习。

（2）模仿型创业

这种形式的创业无法带来新价值的创造，创新的成分也很低，但与复制型创业的不同之处在于，其创业过程对于创业者而言还具有很大的冒险成分。例如，某纺织公司的经理辞掉工作，开设了一家当下流行的网络咖啡店。这种形式的创业具有较高不确定性，学习过程长，犯错机会多，代价也较大。

（3）安定型创业

这种形式的创业虽然可以为市场创造新的价值，但对创业者而言，本身并没有面临太大的改变，从事的也是比较熟悉的工作。这种创业类型强调的是创业精神的实现，也就是创新的活动，而不是新组织的创造，企业内部创业即属于这一类型。例如，研发单位的某小组在开发完成一项新产品后，继续在该企业部门开发另一项新品。

（4）冒险型创业

这种形式的创业，除了给创业者本身带来极大改变，个人前途的不确定性也很高；对新企业的产品创新活动而言，也将面临很大的失败风险。冒险型创业是一种难度很高的创业类型，有较高的失败率，但成功后所得的报酬也很惊人。这种形式的创业如果想要获得成功，必须在创业者能力、创业时机、创业精神发挥、创业策略研究拟订、经营模式设计、创业过程管理等各方面，都有很好的搭配。

想创业，首先必须深入地了解创业，通过调查与学习，人们才能拥有自己的经验，才能为以后的创业工作铺平道路。了解创业的类型，为自己选择一条合适的出路，也就是为自己选择适合的生活。

第二节　创新与创业的关系

一、创新与创业本质的一致性

虽然创业与创新是两个不同的概念，但是这两个范畴之间却存在本质上的一致性：内涵上的相互包容和实践过程中的互动发展。首次提出创新概念的经济学家熊彼特认为，创新是生产要素和生产条件的一种从未有过的新组合，这种新组合能够使原来的成本曲线不断更新，由此会产生超额利润或潜在的超额利润。创新活动的这些本质内涵，体现了它与创业活动性质上的一致性和关联性。创新是创业的基础，而创业推动着创新。

创业和创新在本质上具有一致性，即都具有"开创"的性质，只不过，创新一般多指理论、思维方面的创造活动，是整个创造活动的第一阶段；创业是实际活动中的创造，是创新思维、理论和技法的应用与现实体现，属于创造活动的第二阶段，也是创新的终极目的。

总体上说，科学技术、思想观念的创新，促进了人们物质生产和生活方式的变革，引发了新的生产和生活方式，进而为整个社会不断地提供新的消费需求，这是创业活动源源不断的根本动因；另外，创业在本质上是一种创新性实践活动。无论是何种性质、类型的创业活动，它们都有一个共同的特征，即都是一种能动的、开创性的实践活动，是一种高度的自主行为。在创业实践的过程中，主体的主观能动性将会得到充分的发挥，这种主观能动性充分体现了创业的创新性特征。

二、创新与创业的关联性

首先，创新是指理论、方法或技术等某一方面的发现、发明、改进或新组合。创业是一种思考、推理和行动的方法，在于把握机会，创造性地整合资源，从而创办新的企业或开辟新的事业。将创新的思想或成果用于产业或事业中，开创新的领域或新的局面，就是创业。

其次，创新重视的是所得到的结果，而创业不仅重视可能得到的结果，还重视其结果实现的条件。

最后，创业比创新更加关心结果的可实现性以及可能带来的经济效益。由此可见，创业是在创新的基础上将创新的思想或成果转化为现实生产力的一种社会活动。也就是说，创业是具有创新精神的个体与有价值的商业机会的结合，是开创新事业的活动，其本质在于把握机会，创造性地整合资源。创业的本质是创新，是变革。

人类社会不断发展，科技不断进步，社会分工越来越细，这是发展的必然。分工越细，产生的行业就越多，专业化的岗位也会更多，这就需要人们不断利用创新精神提升创业能力来跟上时代的步伐。从第一、第二、第三产业的划分标准看，人类大的行业还要继续发展下去。在第三产业服务业出现后，又有了第四产业——信息业。第五、第六产业也要依靠创新产生。

三、创新与创业的相互作用

创新是创业的本质与源泉。熊彼特曾提出："创业包括创新和未曾尝试过的技术。"创业者只有在创业的过程中保持持续不断的创新思维和创新意识，才可能产生新的富有创意的想法和方案，才可能不断寻求新的模式、新的思路，最终获得创业的成功。

创新的价值在于创业。从一定程度上讲，创业者的价值就在于将潜在的知识、技术和市场机会转变为现实生产力，实现社会财富的增长，造福人类社会。而实现这种转化的根本途径就是创业。创业者可能不是创新者或是发明家，但必须具有能发现潜在商机的能力和敢于冒险的精神；创新者也并不一定是创业者或是企业家，但是创新的成果则是经由创业者推向市场的。使潜在的价值市场化，创新成果才能转化为现实生产力。这也从侧面体现了创新与创业的相互关联。

创业推动并深化创新。创业可以推动新发明、新产品或是新服务的不断涌现，创造新的市场需求，从而进一步推动和深化各方面的创新，因而也就提高了企业或是整个国家的创新能力，推动了经济的增长。

由于创新与创业关系密切，高等院校的创业与创新教育应该相互渗透融合，弘扬创新创业精神，健全创新创业机制，完善创新与创业的环境，加强产学研结合，并且不断地在实践中结合，从而推动社会的可持续发展。

第三节　开展创新创业的原因

一、时代的选择

（一）社会发展需要创新创业

人类自脱离蛮荒时代进入文明社会已有几千年历史，直到现在，世界发展并不平衡，个别国家声称已经进入知识经济时代，但还有相当一部分国家连温饱问题都尚未解决。但是有一种说法似乎多数国家都很赞同，就是现在人类社会整体上处于经济全球化时代，其标志是席卷全球的信息技术产业革命。

经济全球化的本质是生产要素的跨国界自由流动，追求的最终目的是经济效益的最大化。为实现此目的，就要以发展各个领域里的创新实现创业为手段，最终取得极大的经济效益。

任何国家要改变其经济、科技落后的状态，从根本上讲，都必须提高全民族的科学文化素质和创新意识，培养和造就大批有创新精神和创造能力的人才。

如果说目前知识经济仅仅在部分发达国家出现，那么21世纪将是知识经济在国际经济中占主导地位的世纪。而知识经济的推进器就是创新，创新是知识经济的内核。创新已成为进入21世纪国际经济竞技场的"入场券"，谁能抢占创新的制高点，谁就是21世纪的主角。

可以预见，知识经济社会的发展面会更广。它的发展方式、社会结构、人们的相处方式和共存度等都会有许多新的变化和新的特点。要适应社会发展的变化，就要运用创造的思维和创新的成果解决人类发展不断遇到的新问题，极大地开发人的创造创新能力。

（二）科技发展需要创新创业

知识经济是由高科技的发展促成的，是创新的结果。以信息技术、生物技术、先进制造技术、先进环保技术、新材料技术和新能源技术为代表的高科技领域，集中体现了人类不断提高创造能力带来的创业成果，冲击传统的生产方式和产业结构，使人类的生产生活产生革命性的变化，把社会生产力推到一个前所未有的高度。知识经济又催生高科技的不断创新和科技产业的发展。

任何国家创新能力的提高带来的直接结果都是国力的迅速强盛和人民生活水平的急剧提高。因此，从 20 世纪 50 年代起，许多国家大力提倡推进创新能力的开发和应用，花巨资创立高科技产业。

从历史发展来看，技术创新是创业的重要切入点。分别以蒸汽动力的改革和应用、电力的广泛应用和电子计算机的广泛应用为特征的三次技术革命，引起了社会生产的深层次变革，振兴了相关产业，也造就了大批兼具科学家、技术发明家和产业巨头等称号的科技实业家，特别突出的有爱迪生、诺贝尔、西门子、贝尔等。他们用自己的科学发现、技术发明、成功创业成就了辉煌事业，他们的成长历程为当代青年大学生关注科技创业、投身科技产业提供了光辉典范。目前，人类社会的技术革命正在从第三次技术革命逐步转向以新材料技术、新能源技术等的广泛应用为主要标志的更高的发展阶段。从技术发明、技术改良到终端产品的创新发明与规模化生产，周期越来越短，更新频率越来越高。这在客观上对传统生产方式形成巨大冲击的同时，也为掌握高新知识与高新技术的青年大学生提供了很好的创业环境，成为青年大学生端正创业观念、寻找机会的必备要素之一。

在推进科技创新的进程中，技术创新具有十分重要的作用。没有活跃的技术创新，知识经济就失去了承受"知识生产、传播和运用"的物质载体。许多发达国家为适应知识经济的发展，纷纷采取发展创新企业和鼓励企业创新的政策，使技术创新成果立即推广应用，产生效益。我国要在世界高科技领域占有一席之地，必须培育技术创新能力，冲破发达国家的技术垄断。为此，必须建立一整套技术创新可持续发展的机制，包括加速科技成果转化的新机制，开发适应市场需求的新工艺、新产品的新机制，发展新兴产业和高新技术产业的新机制等。只有这样，才能给科技创新以持久动力，不断增强我国经济发展的动力和后劲，促进我国经济的长远发展。

总之，在科学技术迅猛发展的今天，创新对于社会经济发展的强大推动作用已远远超过了以往任何时代。综合国力的竞争已经进入了创新领域，竞争的最终结果是科研成果的产业化。一个民族、一个国家的创新能力已经关乎国运的兴衰。因此，顺应时代要求，培养具有创新精神和创新能力的人才，大力提高民族的创新素质，成为一项重大而迫切的任务。

（三）经济全球化需要创新

21世纪以来经济全球化趋势的形成，使世界各国在市场和生产上的相互依存度日益加深。经济全球化推动了人力、资金、商品、服务、知识、技术和信息等实现跨国界的流动，促进了各种生产要素和资源的优化配置。这些变化说到底是一种全球范围内的经济实力竞争。为在世界大舞台上有自己的立足之地，各国在政治、经济、科技、文化等领域都必须进行创新，以增强竞争实力。

我国已于2001年加入世界贸易组织（World Trade Organization，WTO），成为WTO的重要一员，已经进入经济全球化的轨道。在经济全球化的形势下，人们必须要用新的观点全面审视各方面的处境，利用创新的头脑发展经济、增强国力，在较短的时间内实现民族的伟大复兴。目前，我国面临的最紧迫的任务是科技创新，科技水平的提高是发展生产力的决定因素。

纵观当前世界各国的表现，发达国家在经济全球化中占据主导地位，得益最多，其法宝就是抓科技创新和以高科技转化应用为目的进行创业。这也是后继国家不被抛出经济全球化浪潮之外，进而分到经济全球化大餐一羹的必由之路。所以，凡是有能力、有作为的国家，都应不断推动科技创新，知识或智力资源的占有、配置、生产和运用已经成为其大力发展经济的重要依托。

其实，经济全球化对创新提出的要求不仅仅局限在科技领域，其他如制度、观念、文化等，都面临创新的问题，而且在某些时候，还可能成为创新的主要方面或制约因素。例如，我国原有的制度、运行机制，包括改革开放以来制定的新的制度和现行机制，许多已不能适应经济全球化的需求。如果不着手创新，就难以促使经济活动健康、有序进行，与他国打交道将面临举步维艰的困境。

二、国情的呼唤

（一）中国的人口负担呼唤创新创业

人们的常识是，有创业才能就业，就业充分，人民才能安居乐业，国家才能繁荣富强。只有存在大量的创业者，才能为广大的劳动者拓宽就业渠道，才能使每个人的才能无论大小都能得到发挥，做到"人尽其才，才尽其用"。没有创业，现有的就业市场就不可能容纳如此大量的劳动力，很多人将失去就业的机会并成为社会的巨大负担，全面建成小康社会也就不能顺利实现。

就业是民生之本。扩大就业，实现比较充分的社会就业是全面建成小康社会的基础目标，是全面提高人民收入和生活水平的根本保证。扩大就业是缓解劳动者流动日益频繁带来的压力、保证社会经济乃至政治稳定的基础。在无法通过政府、社会解决就业问题的情况下，只能引导、鼓励更多的人自谋职业，自主创业。只有创业的人多了，经济发展了，就业问题才能得到根本改善。

（二）我国人力资源开发的目的是创新创业

我国是人口大国，却是人才小国、弱国，人力资源的开发空间还大有可为。一旦开发取得良好效果，取得的财富将大得惊人。目前，各级政府和企事业单位极其关注以提高人口素质为根本的人力资源开发事业。

（三）创业是民族振兴的必由之路

产业是一个民族的依托，创业是一个民族振兴的必由之路。鸦片战争后，洋务派为挽救满清政府，开始了第一次大规模的"创业"尝试，但由于封建主义的本质和外国势力的入侵，这次创业终以失败而告终，中国进一步陷入半殖民地半封建社会的深渊。

新中国成立以来，特别是改革开放以来，在中国共产党的领导下，一大批高举振兴民族产业大旗的有志之士开始了新一轮的创业壮举，再一次证实了振兴中华民族的有效途径是创业，特别是高科技领域的创业。

我国由创业实现民族强盛初有成果，拥有了海尔、长虹、春兰、红塔、TCL 等国际知名品牌，也拥有了方正集团、联想集团、紫光股份有限公司、网易公司、华为技术有限公司等高科技公司，还拥有了张瑞敏、倪润峰、柳传志、丁磊等一大批以振兴民族产业为己任的优秀创业人、企业家。他们为中国初步实现小康做出了巨大贡献。正是在以他们为代表的创业者的努力下，中国才成为"世界工厂"，创造了令世人瞩目的经济发展奇迹。

未来国际社会的竞争，将越来越体现为以经济、科技和军事实力为基础的综合国力的较量。要迎接这种挑战，就要以国家创新体系（包括知识创新系统、技术创新系统、知识传播系统和知识应用系统）为平台，全面增强国家的科技创新能力。科技进步促发学习的革命，知识经济催化教育的改革，这些都需要人们具有创新的精神，运用创新的方法，推进创新的改革。

对于一个国家来说，创新是一个民族进步的灵魂，是一个国家兴旺发达的动力，随着竞争的加剧，创新已成为一个国家发展与发达的关键。创新是带有"氧气"的新鲜"血液"，是一个国家的生命。

对社会而言，创业可以促进国家经济发展与科技创新，创造巨大的经济效益和物质财富，同时还能提高社会就业率，拓宽就业渠道，特别对于缓解我国目前存在的就业压力更是具有重要的作用和深远的意义。并且，人们的创业实践活动还具有推动我国创新教育发展和加快培养创新型人才的功能，以适应人们以创业需要为宗旨的教育实践。

三、人生的追求

（一）人类未来的物质需求呼唤创新创业

人类的未来从表面看取决于空间、能源和耕地等资源的储备，但最终仍取决于人类智慧的开发程度，取决于科技创新的成果。

地球上的人口数量仍然在增长，摆在人们面前的任务有两个：一是怎样不断满足人类物质文化生活的需要；二是怎样有效控制地球人口的增长。目前急迫和可靠的办法是增加物质总量。但是，物质生产的增加，不能再以过去那种简单的方式进行了。在很长的时期内，人们都是靠简单的资本投入或劳动力的增加提高生产力的，这是一种低层次的，既浪费资源又破坏环境的发展方式，必须靠科技的创新和开发来解决。

人的基本需求是人作为自然人的需求和作为社会的需求的统一。人类有五种基本需求，物质需求是众多需求中首要和基本的需求。人的物质需求包括吃、穿、住、用、行等基本的需求。在市场经济条件下，消费者的需求是进行投资、生产、销售的指挥棒，是市场上"看不见的手"。可以说，有什么样的需求，就有什么样的供给，这样才能维持市场经济的正常运行。人的需求随客观环境的变化而变化。例如，随着经济社会的发展和科学技术的进步，人们的物质需求越来越讲究绿色、保健、方便、舒适等，吃的方面要求食品绿色无公害，能起到保健作用；穿的方面追求年轻、时尚、漂亮；住的方面追求情调、方便、环境舒适；等等。这都要求针对人们未来生活的需求，对现有的物质供给进行创新，依靠科技，改进和提高现有的技术工艺，提高人们的技术水平和艺术审美水平，这样才能提供令人们满意的物质消费品和服务，才能在竞争激烈的市场上占有一席之地。

（二）人类未来的精神需求呼唤创新创业

作为社会人，人的需求除了物质需求以外，还有精神需求。这也是人类区别于动物的根本点。而且再充足、再优越的物资满足都不能代替精神需要。相反，精神上的满足可以抑制对物质的追求。

精神需求是指科学、美学、仁爱、崇拜、尊重、抚养需求等，从人的本性来讲，渴求内心的愉悦和满足永远都是人类精神需求的主题。在未来社会，随着物质生产条件的逐步改善，人们的物质需求将得到更大的满足，随之而来的精神需求将急剧增加。在现实生活中，人们往往感叹人与人之间的冷漠、缺乏关爱，知识匮乏，生活变得空虚，社会道德沦丧等，这都是精神需求没有得到满足的具体表现。这些都是急需解决的突出问题，也从另一个角度对科技创新、制度创新提出了新的挑战。

（三）个人的发展呼唤创新创业

对于个人，由开发自己的创新能力来提高创业能力和生存竞争能力已是必由之路。大量实践证明，具有较高创造创新能力的人，工作适应面广，工作质量高，创造的效益远大于创造创新能力低的人。未来的社会千变万化，新知识、新事物、新问题层出不穷，一个人无论从事什么工作，都必须具备创造性地解决问题的能力。不仅科学家、技术人员需要创新，而且从政、从文、从艺、从工、从商的人，也要不断地产生新思想、新路子。行行有发明，人人需创造，处处看发现，时时讲创新，整个社会才有活力，才会进步。创新能力是充分体现人生价值的主要方面。

大学生作为社会中单独的个体，处于科技日新月异、经济飞速发展的社会大变革时期，个人的发展与社会、国家的发展休戚相关。一个人的自我价值，只有与社会价值形成高度的统一才有意义，也才容易得以实现。青年学生，要清醒地认识到时代寄予的期望，自觉培养创新意识，锻炼创新能力，提高创造性地解决问题的能力。只有这样，才会永远对社会有用，不会被淘汰。

创新是一个人在工作乃至事业上永葆生机和活力的源泉。具体而言，创新将决定一个人的发展前途。人们在创业过程中会遇到各种各样的困难与风险，在解决这些问题的同时自身的综合能力也会增强，使自己不断成熟。

从大学生自身来看，技术创新是创业获得市场认可的手段。大学生既没有资金，也没有社会关系，更没有相关的工作经验，他们所拥有的正是社会所需要的创新精神和能力。只有运用自身的技术创新能力，才能在创业的道路上获得"第一桶金"，从而成为成功的创业者。当代大学生是伴随商品经济、互联网经济等的飞速发展而成长起来的，相对于其父辈、祖辈而言，更容易接受新观念、新事物。尽管作为青年，他们身上存在着这样那样的不足，但是崇尚拼搏、敢于挑战、追求成功的总体特征，使他们最有可能成为创业大军中以技术创新为特征的生力军与成功者。

我国每年都会有数以万计的大学生毕业，但是由于种种复杂的因素，并不是每一位毕业的学生都能顺利就业。有些人即使有工作也感觉不满意。没有旺盛的工作热情干不出一番成绩来，所以越来越多的人想到了创业这一条路，但是成功的例子却很少。导致创业失败的根本因素就是没有创新。现在的社会竞争如此激烈，同一行业会有很多人涉及，如果做得不够好或者不如别人做得好，那么就会失败。如果不盲目地跟随他人的步伐，而是认真调研，分析各行各业的形势，发掘那些少见的、新鲜的区域，想出从未有过的点子，再进行充分的准备工作，那么创业必然是成功的。

第四节　实现创新创业教育的方法

一、专业课教师要更新课程理念，改革教学方法

目前，许多高校已经认识到问题的紧迫性，开设了多种形式的创业思想教育课程，培养大学生的创业理念。但这项工作的组织者和开展者，绝大多数是高校的思想政治教师、学生工作处教师、就业指导教师、辅导员等，专业课教师参与的程度不高，甚至少部分专业课教师认为那不是自己的工作。实际上，从普通的基础教育到专业教育，再到今后的从业，专业课教师的作用非常关键，具有无可替代性。专业课教师是将学生从学习生涯带到职业生涯的领路人，是社会和学校沟通的桥梁，是大学生今后工作的引导者和示范者。从现实的经验看，专业课教师的思想和认识对学生从业观念和今后成长的过程影响巨大。大学生对所学专业的理解和认识、今后从业所应具备的知识能力和素质，这些信息的第一个来源就是其专业课教师。这些都是由专业课教师在日常的教学过程中点点滴滴灌输给他们的。

现阶段，许多高校在课程设置模式上还在采用传统的三段式的学科式教育模式，即基础课、专业基础课、专业课，课程设置与社会需求脱节。教学方式采用理论课加实训课的模式，理论课上教师"满堂灌"，技能实践课上学生"拼命练"，理论和实践缺乏有机融合。毕业找工作时，学生背了很多书，拿了很多证书，面对各类职业岗位提出的要求，还是茫然不知所措。

由于传统的教学方式存在着很大的局限性，融入创业教育思想的教学方法必须具有新突破，打破以往教学方式的束缚。各门专业课教师应该根据其专业的内容和教学特点，在教学环节的设计中有机渗透创业意识、创业能力的教育

与培养等信息，将创新思维、创业意识和创业能力的教育和培养与专业课程的教学融为一体，同步进行，这样才能收到事半功倍的效果。

专业课教师要更新课程理念，改革教学方法，具体应做到以下几个方面。

首先，专业教学的内容不能拘泥于书本，要紧跟时代需求，做相应的调整和扩充。专业教师要对新技术、新工艺、新设备有充分的认识和了解，要将专业技术前沿的动向和信息及时传达给学生；要跟踪新技术发展，不断更新教学内容，努力把生产一线正在使用和短期内将推广的技术以及现有技术存在的问题引进课程教学。

其次，教学方式要灵活，教学手段要多样化，实现教学方法与手段的创新。例如，采用"启发式教学法""探究式教学法""集体讨论式""优秀生示范式""合作式教与学"等多种教学方法，借助网络资源与多媒体手段进行教学；引入师生互动的平台，使教学由传统的以教师为中心、以课堂为中心、以知识为中心逐步向以学生为中心、以实践为中心、以能力为中心转移。

最后，考核、评价学生的方式要全面立体，不把考试分数作为衡量学生学习成果的唯一标准。例如，专业课程成绩的构成可采取"考试（50%）+上课（10%）+作业（20%）+创新（20%）"的模式，作业多以综合性分析、调研报告、信息搜寻、构思方案等形式布置，把创新能力纳入考核，使只会机械记忆书本知识的学生的学习成绩最高不超过良，激发学生的创新欲望。

除了专业课程教学要采用灵活有效的多种形式外，教师还应把专业教学的活动场所延伸到课堂外、实验室外和学校外。要在学生写作毕业论文的过程中培养学生的科研及创新能力，促进大学生科研创新能力的提高。

二、发挥共青团文化育人作用，营造良好的创新创业校园氛围

（一）以校园文化活动为载体，积极营造创新创业的校园环境

共青团组织要积极弘扬校园文化的育人功能，唱响主旋律，用丰富多彩的校园文化活动营造良好的创新创业校园文化环境。可以通过组织"科技文化艺术节""青年创业论坛""校园营销精英挑战赛"等活动，开展内容丰富、形式多样的高品位校园文化艺术活动，陶冶大学生的高尚情操，使创新创业意识、创新创业精神成为校园文化、校园精神的重要内容。

（二）加强职业生涯教育，引导学生树立创新创业价值目标

职业生涯规划教育是创新创业教育的一个重要载体。与最初的职业指导相

比，生涯教育已不只是指导学生选择职业或就业，而是重在以正确的人生观、人才观和职业观引导学生，让他们能从社会需要出发，结合自己的特点，掌握合理选择职业方向的能力。生涯教育既可以培养学生的创新精神与创业意识，也可以引导学生追求以创新创业为自我价值取向和行为方式，帮助学生逐步建立创新创业价值目标。

三、搭建创新创业素质训练平台，培育大学生创新创业精神

（一）以科技竞赛为抓手，培养大学生科技创新与创业意识

课外科技作品竞赛是高校共青团开展创新创业教育的立足点，也是培养大学生创业兴趣的有效途径，并在工作实践中形成了体系。例如，"挑战杯"全国大学生课外学术科技作品竞赛、"挑战杯"中国大学生创业计划竞赛、全国青年创业计划大赛三个科技创新创业类竞赛在全国影响较大且具有普遍意义，课外学术科技作品竞赛、大学生创业计划竞赛、校园营销精英挑战赛、电子设计竞赛以及电子商务竞赛等不具有普遍意义的竞赛在学生中都极有影响。要在竞赛过程中推动学生参与科研活动，培养大学生创新创业的兴趣，增强青年学生的创业主动性。

（二）以社会实践为依托，激发青年大学生的创新创业热情

共青团通过组织暑期、寒假社会实践活动，坚持把大学生社会实践与创新创业教育紧密结合，力争在实践中不断激发青年学生的创新创业热情，强化创业内驱力。可以在高年级团员青年中开展以"学业、就业、创业、事业"为主题的大学生社会实践主题活动，进行有目的、有计划的创新创业培训，锻炼其执行能力，提升其综合素质，为他们将来有效地创新创业打下坚实的基础。

（三）以勤工助学为纽带，提升在校大学生的创新创业动力

随着高校勤工助学的不断发展，越来越多的大学生开始从事经营型、管理型勤工助学工作，甚至有一部分学生开始从事科研型勤工助学工作，创办勤工助学企业，提前走上自主创业的道路。参与勤工助学实践活动是学生培养创新精神和提升创业动力的一条重要途径。大学生通过参与智力型、管理型、经营型、服务型等类型的勤工助学活动，运用自己的聪明才智和知识能力，可以不断推陈出新，创造性地解决工作中的各种问题，敢于和愿意承担风险，尝试做一些具有创新性质的事情，感受创业的艰难和快乐。在这个过程中，创新创业意识就会不知不觉地培养，创新动力就会在不断实践中得到增强。

四、完善创新创业教育服务体系，提高大学生创新创业的能力

（一）建立一支创新创业教育导师团队，加强对青年学生创新创业实践活动的指导

一方面，通过集中培训，教师可以了解创业教育、具备创业教育的基本知识；另一方面，在一些与实践结合密切的学科中，通过开展"产、学、研一体化"活动，教师可以深入高新技术企业，体验创业过程，积攒创业案例教学经验。高校在政策上鼓励有能力的教师进行创业，造就一批创业者兼学者，同时在政策上也吸引成功的创业者成为高校教师。在师资队伍的结构上，高校学习美国的经验，将兼职教师和专职教师相搭配，主动吸纳社会优秀青年企业家和政府官员作为兼职教师为学生讲授课程，这样既弥补了高校创业教育教师数量的不足，也实现了创业教师个性、能力、学识和经验的互补，优化了师资结构。

同时，学校应完善创新创业激励和扶持机制，积极筹措资金，通过"青年成才发展基金"、小额担保贷款等渠道，健全大学生创新创业的促动机制，促进学生的职业自立，塑造大学生的创新创业理念，推动大学生创新创业实践活动向纵深发展，培育一批团员青年创新创业典型，打造一批创新创业的领军人物，逐步提升大学生整体创新创业的水平。

（二）建设一批创新创业实训基地，培养大学生创新创业实战技能

实施创新创业教育还要增加投入和改善软硬环境，组建坚实的创新创业教育实践训练基地。一是共青团组织主动与企业"联姻"，通过走产学研相结合的道路，以校企联合的模式，建立大学生创新创业教育实践训练基地，实行真项目、真操作、真环境的见习模式，使学生的创新创业活动与企业之间形成良好的互动。二是共青团组织牵头建立创新创业基金会、创新创业协会等组织机构，为学生提供创新创业的实战演习场所，以项目化的运作手段，保证学生实践训练活动的开展，促进大学生与创业企业、创业者建立互动关系，体验创业过程，提升创业企业的运行管理能力。三是通过其他形式多样、丰富多彩的创新创业实践活动，推动学生参与科研，为学生提供创新创业的实践平台，提高他们的创新创业能力，为将来的创新创业积累有益经验。

企业的人才储备和技术创新离不开高校的支持，而企业是学生创新创业实践的重要阵地，并且拥有丰富的创新创业教育资源。企业只有以更主动的姿态参与高校创新创业教育，才能更好地发现人才、培养人才和储备人才。一是发

挥资金优势，设立"种子基金""天使基金""创投基金"等，与大学创业项目对接，扶持和培育一批优秀的项目和企业；二是发挥人力资源优势，选派一些经营管理精英到高校担任学生创新创业导师，为学生提供创新创业指导和实训，使学生少走弯路，规避风险，成功创业；三是和高校开展"订单式培养"，共同参与人才的培养，把企业作为人才培养的重要实习实践基地，同时在与高校的科研互动中为企业的技术创新寻找机遇，实现企业的可持续发展。

第二章　创新思维

第一节　思维概述

一、思维基础

（一）思维的生理机制

人脑的构造主要包括脑干、小脑与大脑三个部分。

（1）脑干

脑干上承大脑半球，下连脊髓，呈不规则的柱状形。脑干的功能主要是维持人体生命，心跳、呼吸、消化、睡眠等重要生理运作均与脑干的功能有关。脑干部位包括以下四个主要构造。

①延脑。延脑居于脑的最下部，与脊髓相连，其主要功能为控制呼吸、心跳、消化。

②脑桥。脑桥居于中脑、延脑之间，脑桥的白质神经纤维通到小脑皮质，可将神经冲动从小脑的一半球传至另一半球，使之发挥协调身体两侧肌肉活动之功能。

③中脑。中脑位于脑桥之上，恰好是整个脑的中点。中脑是视觉与听觉的反射中枢，凡瞳孔、眼球、肌肉以及毛状肌等的活动均受中脑的控制。

④网状系统。网状系统居于脑干的中央，是由许多错综复杂的神经元集合而成的网状结构。网状系统的主要功能为控制觉醒、注意力、睡眠等不同层次的意识状态。

（2）小脑

小脑为脑的第二大部分，位于大脑及枕叶的下方、脑干之后。小脑由左右两半球构成，且灰质在外，白质在内。在功能方面，小脑和大脑皮质运动区共同控制肌肉的运动，借以调节姿势与身体的平衡。

（3）大脑

大脑是人类思维的最高层次，也是人脑最复杂、最重要的神经中枢。人体的整个神经系统是指大脑的各部分和脊髓组成的中枢神经系统，以及遍布全身的外周围神经系统。人的大脑是人类一切创造活动的源泉。人类真正的思维是在组成大脑的主要部分皮质层进行的。

人的大脑皮层约由 140 亿个神经元组成。神经元的主要构造包括细胞体、树突与轴突三个部分。树突是从细胞体周围发出的分支，多而短，呈树枝状。轴突是从细胞体发出的一根较长的分支。从细胞体发出的分支通常称为神经纤维。细胞体与轴突二者的主要功能是与其他神经元合作，接受并传导神经冲动。神经冲动是指由刺激引起，而沿神经系统传导的电位活动，信息传导即经此活动而达成。轴突的周围包以髓鞘，具有绝缘作用，以防止神经冲动向周围扩散。轴突的末梢有分枝状的小突起，为终纽。终纽的功能是将神经冲动传至另一神经元。

神经元的细胞体与轴突在传导神经冲动时，只能将之传送至终纽，而终纽与另一神经元的传导则是靠突触部分所发生的极为复杂的生理化学作用完成的。

突触是介于终纽与另一神经元细胞体之间的一个小空隙。终纽内的细胞质中含有极复杂的化学物质，当神经冲动传至终纽时，细胞质中的化学物质即产生变化，导致终纽的外膜移动，最后使其表面的小泡破裂。而将神经传导的化学物质注入突触的空隙中，相当于发电，从而引起另一神经元产生兴奋，立即连续传导神经冲动。平均每一神经元有数千个突触联结，人脑全部突触数目达 1000 万亿数量级。

大脑皮层厚约 2 毫米，仅相当于一枚贰分硬币的厚度，表面为主要由细胞体组成的灰质，深部是由神经纤维构成的白质。人的大脑皮层布满了皱褶以增大其面积，如果将其全面展平，它的面积大约相当于 4 张 A4 打印纸大小。相对而言，黑猩猩的大脑皮层约为一张 A4 打印纸的面积，猴子的大脑皮层约为一张明信片的面积，老鼠的大脑皮层约为一张邮票的面积。显微镜下观察到的大脑皮层组构模型：一群皮层神经元捆在一起，像一颗芹菜。它们具有细长的"顶树突"，从细胞体伸向皮层的表面。细胞体常呈三角形，因此又被称为"椎体神经元"。这些椎体神经元的顶树突似乎成束聚集，相邻的束间隔为 30 微米。环绕一束顶树突组织起来的微型柱内有 100 个神经元，约 100 个微型柱组成一个大型栓。大脑上千亿神经元间有着错综复杂的神经联结，其结点称为"突触"。神经元之间的信息传递机制既有生物的，也有化学的。一般是神经元内部以动作电位方式传递信息，而在神经元之间则是先由前一神经元释放出化学物质——神经传质，然后通过突触以激活后一神经元产生动作电位来传递信息。科学家发现，在任何一瞬间，大脑中有 10 万～ 100 万次化学反应在进行。

（二）左右脑功能与创造性思维

大脑分为两个半球（左脑和右脑），大小不尽相同，它们之间有强大的神经纤维束，主要由约 2 亿根神经纤维的胼胝体相连。结构也相当，但功能却各不相同。

左脑主要负责语言、计算和逻辑思维，具有连续性、有序性、分析性、理论性和时间依赖性等特点，被人们称为理性脑。它主管人们的语言、阅读、书写、计算和逻辑推论等。

右脑主要负责图像识别、形象记忆、艺术与情感，具有不连续性、弥散性、操作性和空间依赖性等特点，被人们称为感性脑。它主管人们的视觉、知觉、想象、做梦、模仿、音乐欣赏、情感等。

左右脑配合默契，正常情况下，左右脑通过胼胝体以每秒 400 亿次的频率相互传递脉冲信息。当人们和朋友交谈时，左脑在细心领会对方语言和行为的含义，右脑却在注意说话的音调、表情、举止、姿势与情感等。

大部分的科学活动运用的是什么思维呢？是强调逻辑与推理的左脑思维吗？事实上，大部分科学家的思维活动，并不像人们所认为的那样纯属左脑思维。美国学者詹姆斯·沃森认为，遗传生物学家发现 DNA 结构的思维过程，就是一个典型的右脑思维过程，是依靠视觉和灵感的结果，并不是逻辑推导的结果，因为当时并没有充分的试验材料供他们推理。在许多未知的科学领域，如航天领域，其中许多重大的科学决策也都是靠右脑思维方式做出的。因为宇宙空间对于整个人类来说是一个新领域，科学家只能凭想象和直觉进行探索。这里经常显示人类思维"不可思议的艺术性"，如是否携带测试物理量的仪器、携带什么样的电视摄像镜头等问题，正是依靠这种"艺术性"思维，才最终得以解决的。

大脑左右两半球的和谐发展和协同活动，是创造性思维活动得以正常进行的前提。但应该说，右脑功能的非言语、形象化和直觉性的特点，更适合思维。右脑越活跃，形象越丰富，形象之间通过联想机制也越容易产生新观念或新构想。左脑功能的逻辑性、言语性、抽象性的特点决定其很难成为创新创造思维的源泉。科学实验证明，由于受大脑中竞争机制的影响，右脑意识越活跃，左脑功能则越受到抑制，因而这时右脑的活动便完全不为左脑所知，以致成了"无意识"，反之亦然。因此，通过科学、有效、积极地训练，可以提高左右脑之间的传递效率，将右脑产生的新观念或新构想传递给左脑，即将人们常说的直觉、灵感或顿悟通过语言、文字、图形符号等方式予以表示，这样能够更好地实现左右脑的分工配合、协同一致。

（三）思维偏好

老子曰："知人者智，自知者明。"作为知识时代的新型人才，最重要的莫过于寻找自己喜欢、擅长的领域，这样才能扬其所长，大展宏图。在创造性活动中，一个非常重要的环节是对自身思维有清晰的认识，寻找自我思维习惯，只有这样才能做到有的放矢、扬长避短。

促进思维习惯形成的最主要要素是思维偏好。思维偏好在很大程度上决定了思维习惯，因此，对自我思维偏好的了解可以解答"我与生俱来的天赋是什么""我的思维'偏好'如何""这种'偏好'能否被改变或重塑"等重要问题。此外，还可以积极探寻家人、同事、商业伙伴、投资人、客户等他人的思维偏好，这对积极拓展人际关系、实现有效互动均有重要的促进作用。

20世纪70年代，担任通用电气公司管理发展中心主任的奈德·赫曼博士，通过对自身潜在艺术才华和自动爆发创造力的探索与挖掘，投入对大脑思维偏好的研究中，寻求创造力的本质和源头。1978年，在通用电气公司的支持下，他提出了全脑优势思维模型，用以测评人的思维偏好，并于1988年出版了第一部专著《创造性大脑》，发展了全脑优势思维模型。1995年赫曼推出了划时代的作品《全脑优势》，将思维偏好与全脑优势研究推向了顶峰。

（四）思维一般过程

思维是以感觉、知觉、表象为基础的认识的高级阶段。这种认识的高级阶段的实现，是以感觉、知觉、表象提供的材料为基础，并通过分析、综合、比较、抽象、概括等过程要素予以完成的。

分析与综合是思维的基本过程。分析是在思想上把事物的整体分为各个部分、个别特征和个别方面，而综合在思想上把各个部分或不同特征、不同方面综合起来。分析与综合是同一思维过程中不可分割的两个方面。分析为了综合，综合中又有分析，任何一个复杂的思维过程，既需要分析，又需要综合。

比较是在思想中确定比较事物之间的共同点和区别点。为了确定几个对象的异同，总是要先分出所比较事物的各个特征，然后才谈得上比较。所以分析是比较的必要组成部分。同时，在比较时，必须把它们相应的特征联系起来加以考察，确定它们在哪些方面是相同的，在哪些方面是不相同的，这就是进行综合。因此，综合也是比较的必要组成部分。可见，比较离不开分析和综合。当然，被比较的事物应该是在性质上有联系的，在性质上毫无联系的事物是不能进行比较的。

抽象是在思想上抽引出各种对象和现象之间的本质特征，舍弃非本质特征的思维过程。概括是在思想上把同类事物的本质特征加以综合并推广到其他同类事物的思维过程。抽象和概括是相互联系的。抽象和概括，又都离不开分析和综合这个思维的基本过程。抽象是概括的基础，没有抽象就不可能进行概括。概括则是把分析、比较、抽象的结果加以综合，形成概念。概括的作用在于使人的认识由感性上升为理性，由特殊上升为一般。

分析、综合、比较、抽象、概括等一系列活动相辅相成，相互影响，承上启下，共同构成了人类思维的一般要素。在社会实践活动中，必然会遇到这样那样的矛盾和问题，这就促使人们去研究、去解决，而人类思维活动过程也更多地体现在各类问题解决的过程中。解决问题的一般思维过程，可分为发现问题、分析问题、提出假设、检验假设四个步骤，这也是辩证思维的一般过程。

①发现问题。思维都是从问题开始的，在人类社会生活的各个领域，如生产劳动、科学实验、技术革新、文艺创作、教育实践、军事活动、管理工作等领域中，都存在着这样那样的问题。不断地解决这些问题是人类社会生活发展的需要，凡此种种社会需要转化为个人的思维任务，这就是发现问题。发现问题是解决问题的起点，发现问题的过程也就是发现矛盾的过程。没有发现问题就不可能解决问题，所以发现问题比解决问题更为重要。

②分析问题。发现问题是从知道有问题到知道哪里有问题和有什么问题的过程，而分析问题是在详细搜集资料的基础上，通过全面深入的分析研究，找出问题的核心即关键性问题的过程。抓住了问题的关键，就可以使思维活动更具指向性，便于更好地运用已有的知识、经验解决面临的问题。分析问题时，找出关键性问题，是非常重要的，需要有充足的资料、丰富的经验和较强的概括能力。

③提出假设。发现、分析问题是为了解决问题，而解决问题的关键是找出解决问题的原则、方法和途径。但这些，常常不是简单的、能够立刻找出和确定下来的，而总是先以假设的形式出现，即预先在自己的头脑中做出假定性的解释——假设。在解决问题的过程中，假设起着重要的作用，许多问题的解决都离不开假设的作用，没有假设，人们解决问题的活动就会成为一种盲目

被动的活动。

正如恩格斯所指出的："只要自然科学在思维着，它的发展形式就是假设。"所谓假设，就是解决问题的人所假定的问题的结论，或者是解决问题的途径和方法。例如，工人在排除机器故障时，必须对机器发生故障的各种可能原因提出种种假设，直至把问题解决。提出假设并不是一件容易的事情。首先，这与解决问题的人已有的知识经验有关；其次，提出假设还与其前段工作有关，即与解决问题的人对问题是否明确和正确理解有关；最后，通常需要经过多次"错误尝试"，才能确立假设。

④检验假设。检验假设的方法有两种：一是直接通过有关的实践活动或实验判断某一假设的真伪；二是通过智力的活动检查，即依据间接的实践结果推论假设的真伪。前者是直接验证的方法，通过实践活动和实验，就可用物质手段的形式将假设的东西转化成物质的成果或产品，以物质的成果或产品来验证假设。假设的东西如果与物质的成果或产品相符合、相一致，则证明假设是正确的、可行的；反之，则证明假设是不正确的或不够正确的，需要重新假设或修正假设。但是，也有一些假设是无法直接付诸实践加以验证的，这就需要通过人们的逻辑推理，凭借已有的知识、经验，对一种假设做出合乎规律的检验。例如，下棋的人到了局势危急的关键时刻，一着不慎，全盘皆输。可是按下棋规矩，落子无悔。在这种情况下，下棋的人不能直接通过实践验证自己的设想。军事指挥人员制订作战计划和科研人员制订科研计划，都会面临这种情况。检验假设时要持客观、实事求是的态度，避免和克服主观主义，在寻找新的解决问题的方案时，要对以前方案的失败情况进行充分了解，分析原假设失败的原因，这对于找出新的解决问题的方案是有益的。

应该看到，提出问题、分析问题、提出假设、检验假设这四个阶段并不是截然分割的，它们有时是交错进行的。

二、思维定式

（一）思维定式的概念

由于经验的积累和知识的增加，人们会对常见的事物或问题有一种熟悉的认识和解法，形成个人一种固定的思考模式，心理学上称为"功能的固化"。这是一种很难摆脱传统习惯方式的思维现象，又称思维定式。

心理学研究与社会实践证明，人们过去的经历与经验，特别是能够帮助自己取得成就的行为和思想，都是智力的重要组成部分。这对解决问题是有益的，当类似问题重新出现的时候，人们就可以使用已经被实践证明的行之有效的方法。但是，当人们面对新问题时，也往往会使用这类固定思维方式，即用老方法解决新问题，这就是思维的惯性，这种"惯性"会对创造活动起阻碍作用，消极化"思维定式"也自然而然地产生了。

一般而言，思维定式具有两个特点：一是具有形式化结构；二是具有很强的惯性。只有当被思考的对象填充进来，实际的思维过程出现以后才会显示思维定式的存在，显示不同定式之间的差异。思维定式具有很强的惯性，表现在两个方面：一是新定式的建立；二是旧定式的消亡。多数情况下，某种思维定式的建立要经过长期的过程，而一旦建立，就会支配人们的思维过程、心理状态乃至实践行为，具有很强的稳固性甚至顽固性。因此，了解、发现、研究并规避或消除思维定式是创造性思维实现与实践的重要组成部分。

（二）思维定式的产生

思维定式的产生具有一定的要素与条件。追本溯源，只有对思维定式产生的原因与要素进行深入的研究与了解，才能有的放矢地避免思维定式问题的发生。一般而言，引起思维障碍的原因可分成两大部分，即外部环境的影响与内部心理的障碍。

1. 外部环境的影响

外部环境的影响是指抑制创造性思维的各种外部因素，其中主要有社会环境障碍、经济环境障碍、文化环境障碍及人际关系环境障碍。外部环境障碍对群众性的创造性思维抑制作用更为明显，且有较强的持续性，在开展创造性活动中应予重视。

（1）社会环境障碍

社会环境障碍主要是指社会的政治制度、管理体制及政策法规等多方面的障碍。例如，封建社会的政治制度，特别是闭关自守的封建制度，就很难让人的创造潜能充分发挥出来。这就不难理解为什么近代科学未能在中国漫长的封建社会中产生，尽管中国古代的科学技术水平曾居世界领先地位。从管理体制看，如果权力过分集中，往往会抑制其下属各个层次的积极性和创造性。这是因为，集中管理体制追求的是秩序，是服从，而创造性思维本质上则是革命的、批判性的、突破旧规则的、反传统的。

正如马克思所说："每一种新的进步都必然表现为对某一种神圣事物的亵渎。"政策法规方面的障碍更为直接。例如，我国封建社会的科举制，虽然在一定的历史环境下发挥了一定积极的作用，但其引经据典、死记硬背的学习方法与生搬硬套、故步自封的实践思路是导致封建社会人才凋零、科技落后、社会文化发展停滞的重要原因，而经济、社会、文化的滞后反过来进一步阻碍社会变革和创新文化的形成与创造人才的培养，最终致使近代中国沦落成被外国列强任意宰割的羔羊。

（2）经济环境障碍

所谓经济环境障碍，主要是经济环境不佳给创造性思维活动带来的困难。经济环境障碍可以表现为材料、仪器、设备或资料的不足，也可以表现为资金的不足。经济条件不好肯定会影响创造性活动的深入开展。另外，马斯洛需求理论认为人的需求分为生理、安全、尊重、社交以及自我实现五大需求。需求层次由低到高递进排列，只有在低层次需求得到充分满足的情况下，才能过渡到以创造性、自我实现性为基本属性的高层次需求，这也给创造行为的经济环境障碍提供了相关理论支持。

（3）文化环境障碍

文化一词的含义十分丰富，因而文化环境对创造性思维形成的影响是多方面的，具有广泛和持久的特点。人的创造性活动特别需要良好的文化环境，一种宽松、自由、和谐的文化氛围之于创造活动，犹如阳光、空气和水之于生命一样，是绝对不可或缺的。

（4）人际关系环境障碍

人际关系通常包括上下级关系、同事间的关系及家庭内部关系。好的人际关系对创造活动有促进作用，不良的人际关系则是一种阻力。正如俗语所言："人和则顺，事顺则成。"

2. 内部心理的障碍

内部心理的障碍大致可划分为两类：非智能障碍和智能障碍。非智能障碍主要涉及与非智力因素相关的心理障碍问题，智能障碍主要涉及知识经验及组织管理的思维模式方面。

（1）非智能障碍

非智能障碍是指由非智能因素构成的心理障碍，其中主要有胆怯、自卑和怠惰，通常被称为开发创造活动的三只"拦路虎"。一般认为，如果人的一生无所作为，多是因为未能彻底清除这三只"拦路虎"。另外，情绪不佳、意志薄弱等非智能障碍的作用也是不可低估的。

胆怯心理是普遍存在的，它不仅出现在创造性思维的构思中，也广泛存在于不同层次的人群中，即使是功成名就的大学问家也难以摆脱胆怯的困扰。据记载，大数学家高斯早在 1824 年之前就完成了"非欧几何"的证明，但由于胆怯未能及时发表，从而丧失了发表权。可见胆怯这一障碍是普遍存在的，而且越是创造性的观点，越是容易让人胆怯。

自卑与胆怯是相通的，由自卑变得胆怯是经常发生的事。著名心理学家马斯洛曾问过他的学生："你们当中，谁能在自己所选择的领域中获得重大成就？"结果长时间无人作答。于是他又问道："如果不是你们，那又是谁？"人的自卑心理是相当普遍的，这是一种社会性的"灾难心理"。

怠惰是形成创造性思维障碍的另一主要非智能因素。人一旦有了这种怠惰障碍，不仅不能发掘创意，而且一般的重复性工作也难以做好。反之，一个人如果肯吃苦耐劳，即使创造性差一点，最终也能取得创造性的成果。

（2）智能障碍

通常，智能因素会对创造性思维这类高水平的智能活动造成障碍。一些知识和经验相对较少的人，有些能取得创造性的成果，而那些知识渊博者，有些却一生难有建树。创造性在"智"不在"知"。可惜的是，以往无论是学校、家庭、还是社会，普遍对人的思维操作模式方面的训练重视不够。相当多的人认为，知识和经验越多，其创造性越强；其实这并非线性关系。当然这并不是说人的知识和经验越少越好。

掌握的知识少，必然导致知识面窄，创造性成果自然不可能多。掌握的知识越少，思维就越不开阔，思路就必然受限，联想能力以及由此产生的想象力就差，创造性能力怎能不受限制呢？例如，如果不懂某一专业的知识，很难进入这一领域进行创造性活动；如果某一领域的创意活动需要借助其他领域的知识，而这些知识又尚未被掌握，本领域的创造性活动也就难以进行。

从某种意义上讲，"学得死"比"学得少"还要可怕，对创造性活动的阻碍更大。知识学得死就是把已掌握的知识看作一成不变的东西。其产生的根源，也是思维模式方面的障碍，即理性思维太强，容不得半点偏离已有知识体系逻辑框架的东西的存在，常常表现为自动把自己头脑中产生的某些新的想法毫不犹豫地舍弃。一些在科技创造中颇有建树的学术权威人士，有的到了晚年却成了新思想的阻力。这主要是因为随着时间的推移，旧有的知识链已把他们的头脑缠得死死的，使他们无法接受新的事物。例如，爱迪生虽一生发明了许多电器，但却极力否认交流电的价值；而曾发现原子秘密的卢瑟福却指责释放原子能的理论是胡说八道。

（三）思维定式的形式

思维定式有许多种表现，其中与创新思维、创造活动有关联，影响较为普遍的思维障碍主要有从众型思维障碍、经验型思维障碍、权威型思维障碍、书本型思维障碍四种。

1. 从众型思维障碍

从众型思维障碍是指长期受日常接触的人们的行为模式、思考模式和解决问题方法模式的影响，习惯性地模仿和参照他人的一种思维定式。它所表现的是一种"趋同"态势，是人们行为盲从的一种反映。这种定式在大多数情况下是具有积极意义的，或者说是一种习惯性地适应周围环境的表现，以便同所处的群体保持和谐的关系。例如，当自己对一事物的看法与周围的多数人不同时，人们往往就会对自己的判断产生怀疑，特别是在不能辨别正误的情况下，盲从地修正原有的想法，顺从多数人的意见。这样做的结果虽然有时也会冒风险，但至少要比单独出风头"可靠"得多，这也许是最"保险"的处世之道。

从众心理可能会使人陷入盲从和随波逐流的境地，使人的思想简单、僵化，不愿意独立思考。例如，在 16 世纪之前的 1800 多年的时间里，人们都盲目地接受亚里士多德的"物体降落的速度和物体的重量成正比"这一错误论点。在 1800 多年的时间里没有人提出疑问，直到意大利科学家伽利略做了著名的"两个铁球同时落地"的实验之后，人们才意识到过去的错误。这说明从众型思维障碍对人们心理的重大作用，这种障碍严重地束缚了人们的思想，禁锢了人的创造性。它对人的影响是无形的，有时甚至表现为决定性。不仅对普通人如此，有时它的影响也反映在一些很有作为的知名人士身上。从众型思维障碍还表现为人们极易受他人或周围环境的暗示作用的影响，从而导致人们思维的局限性和思维的偏差性。在现实生活中，有很多人，在面对出现的事物时，往往会不多加思索，仅靠固有的概念、做法简单地处理，而放弃了认真思考的过程。

思维的"从众定式"是怎样产生的呢？人类是一种群居性的动物，喜欢一群人聚在一起。这个"群"小到数十人（原始人的部落），大到数亿人（现代的国家）。为了维持群体的稳定性，就必然要求群体内的个体保持某种程度的一致性。这种"一致性"首先表现在实践行为方面，其次表现在感情和态度方面，最终表现在思想和价值观方面。

然而实际情况是，个人与个人之间不可能完全一致，也不可能长久一致。一旦群体发生了不一致，在维持群体不破裂的前提下，可以有两种选择：一是整个群体服从某一权威，与权威保持一致；二是群体中的少数人服从多数人，与多数人保持一致。本来，"个人服从群体，少数服从多数"的准则只是一个行为上的准则，是为了维持群体的稳定性。然而，这个准则不久便开始"泛化"，超出个人行动的领域而成为普遍的社会实践原则和个人的思维原则。于是，思维领域中的"从众定式"便逐渐形成了。

经过心理学家研究，人类从众心理的形成主要有群体压力、盲从以及路径依赖等原因。一方面，思维上的"从众定式"，使个人有一种归属感和安全感，能够消除孤单和恐惧以及群体压力等有害心理。另外，以众人之是非为是非，"随大流"也是一种比较保险的处世态度。另一方面，人们一旦选择了某种制度，惯性的力量会使这一制度不断"自我强化"，形成所谓的"路径依赖"。

2. 经验型思维障碍

经验可指经历、体验，也泛指由实践得来的知识或技能，有时也指由历史证明的结论。在通常的情况下，经验是指感觉经验，即感性认识，是人们在实践过程中，通过自己的肉体感官直接接触客观外界而获得的，是对各种事物的表面现象的初步认识。

人类的经验来自生活、工作的实践。从幼儿到成年，人们所看到、听到、感受到的各种各样的现象和事件，都进入头脑而形成了众多的经验。一般情况下，经验是人们处理日常问题的好帮手。只要具有某一方面的经验，在应付这一方面的问题时就能得心应手。特别是从事一些技术和管理方面的工作，一定要有丰富的经验。老司机比新司机能更好地应付各种情况，老会计比新会计能更熟练地处理复杂的账目。正因为如此，在有些企业的招聘广告上才会出现"限三年以上实际工作经验"之类的条件。

在经验与创新思维的关系上，问题就显得较为复杂了。一方面，随着时间的推移，人们的经验具有不断增长、不断更新的特点，经过对各种经验的比较，发现其局限性，进而开阔眼界、增长见识，人们的创新思维能力才能得以提高；另一方面，经验含有其稳定的一方面，因而也可能导致人们对经验的过分依赖，形成固定的思维模式，结果就会削弱想象力，造成创新思维能力的下降。这就是所谓的"经验型思维障碍"。

从思维的角度来说，因为经验具有很强的狭隘性，所以会束缚思维的广度。这种狭隘主要表现在三个方面：①经验具有时间与空间上的局限性，也就是说此地的经验不一定适用于彼地，外国的经验也不一定适用于中国；②主体对经验拥有量的有限性，也就是说一个人的经历是有限的，不可能成为"百事通""干事通"；③经验丰富，也可能遇到不灵的时候，事物总是在不断发展的，"老革命也会遇到新问题"，如果仍用以前的经验处理，不可避免地要产生偏差和失误。

经验型思维障碍的形成主要受社会环境以及个人经历等多方面因素的影响。社会类经验型障碍是人们的思想长期受所在社会环境的影响，潜移默化、日积月累地形成的，这是最顽固的一种思维定式，通常人们很难清醒地意识到它的存在，可以说它在人的头脑中是根深蒂固的。其实，人们在不断积累经验的同时，也在不断地形成扼杀创造性的思维障碍。例如，人们常说的"习惯成自然""熟能生巧"等，其实都是在不自觉地"限制"人们的思维，为思维的运动设立了一个个路标。在个人经历方面，经验型思维是指个人对生活经历和往事的总结所形成的固定认识或看法。这种思维定式因人而异，在很大程度上取决于个人的生活经历。在多数情况下，人的这种生活经验在认识新事物时都具有积极的意义。人们常说某人办事老练，处理问题得心应手，这都是个人的经验在起作用。但是，在某些情况下，人生的经验却又成了思维上的障碍，反而不如没有经验的人更能发挥创造性思维。

3. 权威型思维障碍

有人群的地方总会有权威，权威是任何时代、任何社会都实际存在的现象。人们对权威普遍怀有尊崇之情，这本来是可以理解的，然而这种尊崇常常演变成为神话和迷信。

在思维领域内，有不少人习惯引证权威的观点，不假思索地以权威的是非为是非，一旦发现与权威相违背的观点或理论，便想当然地认为其必然是错的，并大加挞伐。这就是思维的障碍之一——权威型思维障碍。

权威是后天形成的，不是先天就有的。权威主要有两种：一是儿童在走向成年的过程中所接受的"教育权威"；二是由于社会分工的不同和知识技能方面的差异所产生的"专业权威"。

对于儿童来说，家庭、学校和社会都是不可抗拒的外在力量。这些力量构成了一个个权威，这些权威用一系列的命令教育儿童，如"必须先做完作业再看电视""看到老师应该敬礼""上课不准做小动作"等。如果服从这些权威，儿童就能从中得到好处，而抗拒这些权威就要吃苦头。从这个角度看，成年人教育儿童与马戏团训练动物在方法上如出一辙，都是采取两种手段，即奖励其正确的行为，惩罚其错误的行为。而划分正确和错误的标准则是由成年人或训练员认定的。在有些场合，当后天教育与儿童的自然天性发生冲突的时候，儿童会以各种方式加以抵抗，但是反抗的结果往往以儿童的失败告终，这从反面又教育了儿童，权威的力量是不可抗拒的，只能无条件地遵从。于是，从反抗到不敢反抗，到不愿反抗，进一步到根本想不起来反抗……如此久而久之，在儿童的思维模式里，由教育所造成的权威定式就这样最终确立下来。

权威的第二种类型，是由专门知识所形成的权威，即专业权威。一般来说，由于时间、精力和客观条件等方面的限制，人们一生通常只能在一个或少数几个专业领域内拥有精深的知识，而对于其他大多数领域则知之甚少，甚至全然不知。谁都不可能成为真正的全知全能型的"万事通"。

由于普通专业知识的缺失，专家可能会被普通人奉为神明：专家以前的意见是正确的，是超过别人的，那么今后的意见的正确性也不容置疑。在多数情况下，人们按照专家的意见办事，能获得预想中的成功；如果违反了专家的意见，会招致或大或小的失败。如此久而久之，人们便习惯了以专家的意见为标准答案，而在思维模式上，也就形成了一道难以逾越的思维屏障。

从本质上说，思维领域的权威定式根源于个人的有限性。个人知识上的有限性，使人们崇奉博学者；个人力量上的有限性，使人们崇奉强力者。人们试图通过权威的力量，把自身的有限性上升为无限性。

4. 书本型思维障碍

书本型思维障碍从本质上说也是一种权威型思维障碍，是以书本为权威对象的权威型思想障碍。书是一种知识载体，是千百年来人类经验和体悟的结晶，是人类文明的标志。通过书本，人类能够很方便地把观念、知识、思考的问题和价值体系广泛传播并传递给下一代。

知识的传播与传承是人类社会的进化得以加速进行的原因所在，但书本知识在给人们带来好处的同时也会带来一些麻烦。原因在于书本知识与客观现实之间存在差距。书本知识是经过思维加工（选取、抽象、截取等）之后形成的一般性的东西，表示的是一种理性的状态而不是直观的状态，于是就出现了理想状况与实际状况的差异。

在现实环境中，知识的实践是由无数个别事物构成的，其中每种事物都具有无数属性，每种事物和每种属性又不停地发生着变化。尽管人们心中有一个"理想化"的知识世界，却无法生活于其中。正如英国哲学家贝克莱所说，人们不能吃观念，不能喝思想，只能依靠物质性的东西而存活。所以把握这两个世界的不同，乃人生的第一要素。举例来说，甲、乙两地相距 5 千米，从甲地到乙地，是乘汽车快还是骑自行车快？一般而言，汽车的速度远远超过自行车，这是众所周知的常识。但是，这个"常识"也有不灵验的时候。大多数情况下，在拥挤的城市，早晨骑自行车要比坐公交车快很多，因为上班高峰时交通拥挤，公交车行进得很慢。所以，汽车的速度比自行车快，这只是理想状态的知识，是排除了具体条件之后所得出来的结论。但是人们无法在理想状态下乘汽车或者骑自行车，总是在一个具体的环境中乘车或骑车，届时究竟是汽车速度快还是自行车速度快，则是一个很难预测的问题。这就是书本世界与现实世界的差距。

因此，运用知识思考的关键不仅仅在于"知"更在于"行"，在于知识与实践"知行合一"的结合。知识就是力量，应该说合理应用的知识才是真正的力量。只有把知识正确地运用到社会、生活实践中，才能产生力量，才能产生价值与积极的影响。

在知识经济不断发展的今天，知识爆炸、终身学习等社会新理念不断涌现，如何对待各类书本知识是现代人面临的重大问题。人们必须清晰地认识到知识经济下的知识，不仅仅是指知识的储存，更多指的是知识的整合与运用。

除以上表述的思维定式以外，常见的思维定式还包括以自我为中心、非理性等其他定式，这些都需要在思维过程中加以甄识，予以规避。

第二节　创新思维概述

一、创新思维的含义

创新思维是指以新颖独创的方法解决问题的思维过程，通过这种思维能突破常规思维的界限，以超常规甚至反常规的方法、视角去思考问题，提出与众不同的解决方案，从而产生新颖的、独到的、有社会意义的思维成果。其本质在于将创新意识的感性愿望提升到理性的探索上，实现创新活动由感性认识到理性思考的飞跃。

二、创新思维的基本原理

（一）迁移原理

迁移原理分为原型启发、相似原理、移植原理三种类型。

1. 原型启发

原型启发是指根据自然界已存在的事物和现象的功能和结构，受到启发，产生新的思想、观念和技术。

锯子的发明：中国古代木匠鲁班发明的锯子就是典型的原型启发。一次，鲁班在爬山时，不小心被茅草划破了手，他观察发现茅草叶片边缘呈细齿状。于是，他受到叶片细齿锋利的启发，发明了木工用的锯子。鲁班也因此成为木匠的创始人。

充气轮胎的发明：英国医生邓禄普发现儿子在卵石上骑自行车，颠簸得很厉害。那时车胎还没有充气内胎，他一直担心儿子会受伤。后来他在花园中浇水，手里感到橡胶管的弹性，他从这里受到启发，便用水管制成了第一个充气轮胎。

2. 相似原理

相似就是根据两个相同或相近的事物，把其中一个事物的结构和原理应用到另一个事物上。

汽化器的发明：美国工程师杜里埃认为，为了保证内燃机有效地工作，必须使汽油和空气均匀地混合，他一直在寻找解决这一问题的办法。当他看到妻子喷洒香水时，便创造了汽化器。汽化器与喷雾器相似，这是相似原理的体现。

3. 移植原理

移植是指将某个领域的原理、方法、结构、用途等移植到另一个领域中去，从而产生新的事物和观念。他山之石，可以攻玉。移植原理就是把一个研究对象的概念、原理和方法等运用于其他研究之中。

英国医生黎斯特把这一原理直接移植到外科手术上，从而创造了手术消毒的新的工作方法，手术获得了极大的成功。依照两栖动物的生理特点，科学家发明了水陆两用交通工具。仿照人的手掌、手指，科学家又发明了挖土机。还有如剪刀、钳子、起子、木梳等，都是利用的移植原理。

（二）组合原理

组合很容易形成创造发明，甚至也能形成重大的创造发明。例如，我们常见到的多用柜、两用笔、组合文具盒等，都体现出组合原理。

美国的"阿波罗"登月计划，可以说是当代最大型的发明创造结晶之一。然而，"阿波罗"计划的负责人曾直言不讳地讲过，"阿波罗"宇宙飞船的技术没有一项是新的突破，都是采用已有的技术。问题的关键在于按照系统学的原理使各部分既精确又协调地组合起来。

（三）分离原理

创造技法中的"减—减"的方法，就是基于分离原理产生的。它与组合原理完全相反。例如，眼科专家把眼镜的镜架和镜片分离出来，发明了一种新型产品——隐形眼镜，从而缩短了镜片与眼球之间的距离，同时起到美容和矫正视力的双重作用。

（四）还原原理

还原原理是指把创新对象的最主要功能抽出来，集中研究实现该功能的手段和方法，从中选取最佳方案。通俗地讲，还原原理就是回到根本，抓住关键。例如，打火机的发明就是还原原理的具体运用，它把最主要的功能——发火抽出来，把摩擦发火改为气体或液体燃烧，从而突破了现有火柴的框框，获得了一大进步。

（五）相反原理

相反原理是指在创造发明的过程中，当运用某种方法解决不了问题时，改用相反的方法。在发明创造中，有时遇到一个不能解决的难题往往需要迂回或从其反面思考，则能顺利地解决，这就是创新的相反原理。相反原理分为功能相反、结构相反、因果相反和状态相反四种类型。

1. 功能相反

功能相反是指从已有事物的相反功能去设想和寻求解决问题的新途径，从而实现创新的思维形式。如德国某造纸厂，因一工人的疏忽，在生产中少放了一种胶料，制成了大量不合格的纸张。肇事工人拼命想解救的办法，慌乱中把墨水洒在了桌子上，随即用那种纸来擦，结果墨水被吸得干干净净，"变废为宝"的念头在他的头脑中闪过，就这样这批纸当作吸墨水纸全部卖了出去。后来又有人做了个带把的架子，把吸墨水纸装在上面，一个吸墨器就诞生了。

2. 结构相反

结构相反是指从已有事物的相反结构形式，去设想和寻求解决问题的新途径的思维形式。如第二次世界大战后，飞机设计师们把飞机的机翼由"平直机翼"改为"后掠机翼"，使飞机的飞行速度由"亚音速"提高到"超音速"。

3. 因果相反

因果相反是指颠倒已有事物的因果关系，变因为果，去发现新的现象和规律，寻找解决问题的新途径的思维形式。如在发明史上，奥斯特发现电能生磁，发明电磁铁。法拉第则利用相反原理提出磁能生电，从而发明发电机。

4.状态相反

状态相反是指根据事物的某一属性（如正与负、动与静、进与退、作用与反作用等）的反转来认识事物，从而引发创新的一种思维形式。如由于圆珠笔随笔珠的磨损变小而漏油，在提高了笔珠耐磨性后，笔杆耐磨问题又出现了。日本人中田"反过来"考虑这个问题：为何不把注意力放在笔芯上呢？若将笔芯的油量适当减少，使圆珠笔在磨损漏油之前把芯里的油用完，不就无油可漏了吗？

（六）换元原理

换元是指对不能直接解决的问题采用"替代"方法，使问题得以解决或使创新思维活动深入展开。

换元分析就是要分析事物的三个基本要素——事物、特征和量值，把不相容的问题转化为相容的问题，要找出转化为相容问题的最好办法。要着重研究变换规律，即如何对不相容问题中的事物进行变换，将不相容的问题转化为相容问题时遵守什么法则。

（七）利用原理

利用专利发明进行创新思维是指创新思维者借鉴已有成果和技术，依据他人的发明专利来启迪自己的智慧，从而实现创新的过程。

对当代大学生来说，学习和掌握他人的发明专利既是掌握和了解现有技术及其转化的最佳途径，也是学习和掌握当今科学技术发展最新动态的途径，加上自己已掌握的科学技术知识以及在这个方面的训练，对实现借鉴、创新是有很大帮助的。

三、创新思维的基本特征

创新思维是指在创造性活动中，应用新的方案和程序，创造新的思维产品的思维活动。它是在一般思维的基础上发展起来的多种思维的综合，有如下四个基本特征。

（一）发散思维和集中思维的统一

创新思维主要是发散思维和集中思维的统一。在创新思维中，发散思维和集中思维都是非常重要的，二者缺一不可。然而对于创新思维来说，发散思维更为重要，它是思维创造性的主要体现。发散思维可以突破思维定式和功能固着的局限，重新组合已知的知识经验，找出许多新的可能的解决问题的方案。

它是一种开放性的没有固定的模式、方向和范围的，可以"标新立异""异想天开"的思维方式。发散思维具有流畅性、变通性、独创性三个特点。

（二）直觉思维作为创新思维中的重要思维活动

直觉思维作为创新思维中的一个重要思维活动，是指不经过一步步的分析，而迅速地对问题答案做出合理猜测、设想的思维。它是创新思维活跃的一种表现，它不仅是创造发明的先导，还是创造活动的动力。例如，达尔文通过观察植物幼苗顶端向阳弯曲，直觉提出"其中有某种物质跑向背光一面"的设想，以后随科学的发展被证明确有"某种物质"即"植物生长素"。数学领域中的哥德巴赫猜想、费尔马猜想等都是当初数学大师未经论证而提出的一种直觉判断，但为后人所确信，并为此进行了论证。直觉思维具有三个特点：一是从整体上把握对象，而不是拘泥于细枝末节；二是对问题的实质的一种洞察，而不是停留于问题的表面现象；三是一种跳跃式思维，而不是按部就班地展开思维。直觉思维是在知识经验的基础上形成的，丰富的知识经验有助于人们形成较准确的直觉。

（三）创造想象助力创新思维

创造想象助力创新思维。个体在进行思维时要借助想象，特别是创造想象来进行探索，只有这样，才能从最高水平上对现有知识经验进行改造、组合，构筑出最完整、最理想的新形象。例如，牛顿的万有引力定律的提出就是以地球绕太阳运转、月亮绕地球运转、大海潮汐现象、苹果落地等事实为前提，先在头脑中进行创造想象，然后进行推理而产生的。世界著名的物理学家爱因斯坦在高度抽象的理论物理领域中有许多杰出的创造性成果，他大多是运用创造想象来进行研究的。他对想象力的评价是："想象力比知识更重要，因为知识是有限的，而想象力概括着世界上的一切，推动着进步，并且是知识进化的源泉。严格地说，想象力是科学研究中的实在因素。"

（四）灵感触发创新思维

灵感触发创新思维。在创新思维过程中，新的解决问题的思路、方案的产生往往带有突然性，这种突然产生新思路、新方案的状态，被称为灵感。它常给人一种豁然开朗、妙思突发的体验，使百思不得其解的问题得到解决。对许多科学家的调查表明，他们在发明创造过程中，大多出现过灵感。灵感并不是什么神秘之物，它是思考者长期积累知识、勤于思考的结果。

四、创新思维的特点

（一）独创性

独创性是创新思维的基本特点。创新思维活动是新颖的独特的思维过程，它打破传统和习惯，不按部就班，解放思想，向陈规戒律挑战，对常规事物怀疑，否定原有的框框，锐意改革，勇于创新。在创新思维过程中，人的思维积极活跃，能从与众不同的角度提出问题，探索开拓别人没认识或者没完全认识的新领域，以独到的见解分析问题，用新的途径、方法解决问题，善于提出新的假说，善于想象出新的形象，在思维过程中能独辟蹊径，标新立异，革新首创。

（二）多向性

创新思维不受传统的单一的思想观念的限制，思路开阔，从多角度出发提出问题，能提出较多的设想和答案，选择面宽。思路若受阻，遇有难题，能灵活变换某种因素，从新角度去思考，调整思路，善于巧妙地转变思维方向，产生适合时宜的新办法。

（三）综合性

创新思维能把大量的观察材料、事实和概念综合在一起，进行概括、整理，形成科学的概念和体系。创新思维能对占有的材料进行深入分析，把握其个性特点，再从中归纳出事物的规律。

（四）联动性

创新思维具有由此及彼的联动性，是创新思维所具有的重要的思维能力。联动方向有三个方向：一是看到一种现象，就向纵深思考，探究其产生的原因；二是逆向，发现一种现象，则想到它的反面；三是横向，能联想到与其相似或相关的事物。总之，创新思维的联动性表现为由浅入深，由小及大，触类旁通，举一反三，从而获得新的认识、新的发现。

（五）跨越性

创新思维的思维进程带有很大的跨越性，省略了思维步骤，思维跨度较大，具有明显的跳跃性和直觉性。

五、创新思维的作用和意义

（一）创新思维的作用

1.创造思维可以不断地增加人类知识的总量

创新思维因其对象的潜在特征，表明它是向着未知或不完全知的领域进军的，不断扩大人们的认识范围，不断地把未被认识的东西变为可以认识和已经认识的东西。科学上的每一次发现和创造，都增加了人类的知识总量，为人类由必然王国进入自由王国不断地创造着条件。

2.创新思维可以不断地提高人类的认识能力

创新思维的特征已表明，创新思维是一种高超的艺术，创新思维活动及过程中的内在的东西是无法模仿的。这内在的东西就是创新思维能力。这种能力的获得依赖于人们对历史和现状的深刻了解，依赖于敏锐的观察能力和分析问题的能力，依赖于平时知识的积累和知识面的拓展。

3.创新思维可以为实践开辟新的局面

创新思维的独创性与风险性特征赋予了它敢于探索和创新的精神，在这种精神的支配下，人们不满足于现状，不满足于已有的知识和经验，总是力图探索客观世界中还未被认识的本质和规律，并以此为指导，进行开拓性的实践，开辟出人类实践活动的新领域。在中国，正是邓小平基于创造性的思维，提出了中国特色社会主义理论，才有了中国翻天覆地的变化，才有了今天轰轰烈烈的改革实践。相反，若没有创新思维，人类"躺"在已有的知识和经验上，坐享其成，那么，人类的实践活动只能停留在原有的水平上，实践活动的领域也非常狭小。

4.创新思维是将来人类的主要活动方式和内容

历史上曾经发生过的工业革命没有完全把人从体力劳动中解放出来，而目前世界范围内的新技术革命，带来了生产的变革：全面的自动化，把人从机械劳动和机器中解放出来，使人从事着控制信息、编制程序的脑力劳动；而人工智能技术的推广和应用，使人所从事的一些简单的、具有一定逻辑规则的思维活动，可以交给"人工智能"去完成，从而又部分地把人从简单脑力劳动中解放出来。这样，人将有充分的精力把自己的知识、智力用于创造性的思维活动，把人类的文明推向一个新的高度。

（二）创新思维的意义

1. 创新思维促使知识融会贯通

知识是多种多样的，一个人只能掌握一定量的知识，而由于创新思维的产生土壤绝不是贫瘠和单一的，这样就促使人们了解多个领域，使知识的门类涉猎更广、体系化更强，同时在不断地思考和学习中，达到知识的融会贯通。

2. 创新思维促使企业自主创新，培养国际品牌

中国的民族品牌的树立，需要依靠自主创新，企业的产品没有创新就没有市场，企业的发展没有创新就难以维持，管理陈旧没有创新难免死气沉沉，企业可能缺乏竞争力。因此创新思维对于企业而言尤其重要。纵观当前国际市场，民族品牌屈指可数，寥寥无几，2008年的前世界500强新鲜出炉，前50强中，没有一家中国企业。究其原因，中国企业没有自主研发和创新的能力，亦步亦趋只能甘为人后。

中国的强大，离不开民族企业的发展，民族性国际品牌的树立，是一个国家综合国力、经济实力的侧面体现，因此民族品牌的树立、企业文化创新、研发创新、管理模式创新等，都离不开创新思维的支持。

3. 创新思维能解放想象力，促进教育体制的完善发展

随着社会的发展，创新越来越显示出巨大的作用。当前中国基础教育进行"新课改"，提倡素质教育。而创新思维就是素质教育之一——创新素质的核心。基础教育"新课改"的实行，能够促进学生多方面能力的发展，促使学生的自主能动性得以发挥，使其想象力得到激发和保护。而想象力的发展，就是创新思维的源泉，创新思维促进了教育体制的完善，而这对社会的明天、民族的未来至关重要。

4. 创新思维能促进社会重视创意产业的发展，督促立法体制的完善

当今行业类别宽泛，新兴行业的兴起需要创新思维，而很多艺术创作或文学创作行业同样需要创新思维。在这些需要丰富的想象力、创造力进行不断创作的行业中，一个缺乏想象力、创造力的人，很难制度出激发人们思考、引起人们共鸣的好作品。

针对这些行业门类，想象力和创造力，就是评判他们是否适合此行业的标准。而对通过想象创造而出的原创作品的推崇，会增强人们对原创作品的保护意识。重视创新，有意识地保护创新思维成果，也营造了尊重原创，反对剽窃的行业氛围，从而促进行业的蓬勃发展，推进对此类行业知识产权保护等的立法，促进我国法律法规的完善。

第三节　创新思维的训练方法

一、发散思维训练

（一）发散思维的含义

发散思维又称放射思维、辐射思维、扩散思维和求异思维，是指大脑在思维时呈现的一种扩散状态的思维模式。发散思维是从一个问题（信息）出发，突破原有的圈，充分发挥想象力，经不同的途径、方向，以新的视角去探索，重组眼前的和记忆中的信息，产生出多种设想、答案，使问题得到圆满解决的思维方法。

（二）发散思维的特点

1. 流畅性

流畅性就是观念的自由发挥，指单位时间内产生设想和答案的多少或者指在尽可能短的时间内生成并表达出尽可能多的思维观念以及较快地适应、消化新的思想观念。

流畅性衡量思维发散的速度（单位时间的量），可以看成发散思维"量"的指标，是基础。其包括字词的流畅性、图形的流畅性、观念的流畅性、联想的流畅性以及表达的流畅性。其中，字词的流畅性和表达的流畅性显得更为重要。

2. 变通性

变通性是指提出设想或答案所表现出的灵活程度，是克服人们头脑中某种自己设置的僵化的思维框架，按照某一新的方向来思考问题的过程。

变通性是发散思维的"质"指标，表现了发散思维的灵活性，是思维发散的关键。变通性是指知识运用上的灵活性，观察问题的多层次、多视角。

3. 独特性

独特性是指人们在发散思维中做出不同寻常的异于他人的新奇反应的能力。独特性是发散思维的本质，表现发散思维的新奇成分，是思维发散的目的。

独特性也可称为独创性、求异性，这一点是创新思维的基本特征和标志。没有这个特征的思维活动，都不属于创新思维，这是发散思维的最高目标，能形成与众不同的独特见解，让思维活动进入创新的高级阶段。

4. 多感官性

发散思维不仅运用视觉思维和听觉思维，而且也充分利用其他感官接收信息并进行加工。发散思维还与情感有着密切的关系。如果思维者能够想办法激发兴趣，产生激情，把信息感性化，赋予信息以感情色彩，那么就会提高发散思维的速度与效果。

在日常的学习生活中，我们要特别重视多感官训练，通过调动身体各个器官，体验视觉、听觉、嗅觉、触觉等感官刺激，减缓压力，消除焦虑不安的情绪，全方位地激发兴趣，全身心地为学习服务。

（三）发散思维的作用

发散思维具有以下三方面的积极作用：

首先是核心性作用。发散思维在整个创新思维结构中的核心作用十分明显。美国著名心理学家吉尔福特（发散思维概念就是由他首先提出的）说过："正是发散思维，使我们看到了创新思维的最明显标志。"我们可以这样看：想象是人脑创新活动的源泉，联想使源泉汇合，而发散思维就为这个源泉的流淌提供了广阔的通道。发散思维从一个小小的点出发，冲破逻辑思维的惯性，让想象思维的翅膀在广阔的太空自由地飞翔，创造性想象才得以形成。

其次是基础性作用。在创新思维的技巧性方法中，有许多都是与发散思维有密切关系的。著名的奥斯本智力激励法中的最重要的一条原则就是自由畅想，它要求不受一切限制地去寻找解决问题的办法，这实际上就是鼓励参与者进行发散思维。

最后是保障性作用。发散思维的主要功能就是为随后的其他思维提供尽可能多的解决方案。这些方案不可能每一个都十分正确、有价值，但是一定要在数量上有足够的保证。如果没有发散思维提供大量的可供选择的方案、设想，其他思维就"无事可做"。可见，发散思维在整个创新思维过程中，起着后勤保障的重要作用。

（四）发散思维的训练原则

1. 考虑所有因素

尽可能周全地从各个方面考察和思考一个问题，这对问题的探索、解决特别有用。

2. 预测各种结果

思考一个问题时应考虑各种"后果"或最终可能出现的结局。这有利于对事物的发展有较明确的预测，并从中寻求最佳的模式。

3. 尝试思维跳跃

当解决某个问题遇到困难时，可以采用思维跳跃的方法，即不从正面直接入手，而是另辟蹊径，从侧面来突破。

4. 寻求多种方案

思考问题时，可快速"扫描"并指向事物或问题的各个点、线、面、立体空间，寻找多种方案，并对方案进行深入思考，从而找到全新的思路和方法。

（五）发散思维的训练方法

1. 材料发散法

这是指以某个物品尽可能多的"材料"，以其为发散点，设想它的多种用途。如回形针的用途：把纸或文件别在一起，做发夹……

2. 功能发散法

这是指从某事物的功能出发，构想出获得该功能的各种可能性。

3. 结构发散法

这是指以某事物的结构为发散点，设想出利用该结构的各种可能性。

4. 形态发散法

这是指以事物的形态为发散点，设想出利用某种形态的各种可能性。

5. 组合发散法

这是指以某事物为发散点，尽可能多地把它与别的事物进行组合。

6. 方法发散法

这是指以人们解决问题或制造物品的某种方法为扩散点，设想出利用该种方法的各种可能性。如说出用"吹"的方法可能做的事或解决的问题：吹气球、吹蜡烛、吹口哨……

7. 因果发散法

这是指以某个事物发展的结果为发散点，推测出造成该结果的各种原因，或者由原因推测出可能产生的各种结果。如推测"玻璃杯碎了"的原因：手没抓住；掉落地上碎了；被某物碰碎了……

8. 假设推测法

这是指假设的问题不论是任意选取的，还是有所限定的，所涉及的都应当是与事实相反的情况，是暂时不可能的或是现实不存在的事物对象和状态。由假设推测法得出的观念可能大多是不切实际的、荒谬的、不可行的，这并不重要，重要的是有些观念在经过转换后，可以成为合理的有用的思想。

二、平面思维训练

（一）平面思维的含义

平面思维是线性思维向着纵横两个方向扩张的结果。当思维定向、中心确定以后，它就要从几个方面去分析说明这个问题。当这些点并不构成空间而是处于同一平面不同方位的时候，思维就进入了平面思维。平面思维，可以从不同的方面去说明思维的中心，可以相对地实现认识某一方面的全面性。养成了这种思维习惯的人，喜欢进行横向的平面比较，横向扩大了视野，平面宽于直线，因而优于一维思维。同时，二维思维还能将横向的现实知识与纵向的历史知识结合起来进行思考。

横向思维概念由英国学者爱德华·德波诺于 1976 年首次提出，它与纵向思维的概念相对应。横向的也有侧面的、从旁的、至侧面的意思，故"横向思维"也可称为"侧向思维"。

爱德华·德波诺提出了一些促进横向思维的方法：对问题本身产生多种选择方案；打破定式，提出富有挑战性的假设；对头脑中冒出的新主意不要急着做是非判断；反向思考，运用与已建立的模式完全相反的思维，以产生新的思想；对他人的建议持开放态度，让一个人头脑中的主意刺激另一个人头脑里的东西，形成交叉刺激；扩大接触面，寻求随机信息刺激，以获得有益的联想和启发等。

纵向思维是指思维从不同层面切入，纵向跳跃，具有突破性、递进性的特点。具有这种思维特点的人，对事物的见解往往入木三分，一针见血，对事物动态把握的能力较强，具有预见性。

（二）点的思维、线性思维以及平面思维的比较

点的思维是平面思维的开端或起点。一般来说，人们捕捉思维对象时，在确定研究方向、选择进攻点时，作为表现思维出发点或中心的思维过程，就是点的思维。点的思维又叫零维思维，它既无长度又无宽度。养成零维思维的人，

容易将思维固定于某个观点或某个对象上面，不会由此及彼，不会将该点与其他相关的点联系起来，具有凝固、僵化的顽症，因而往往一叶障目，不见庐山真面目，在思想上表现出难以想象的主观性与片面性。

线性思维是点的思维的延伸或扩展。它有长度但无宽度，具有单一性和定向性的特征。线性思维也叫一维思维，表现为单纯的纵向的思维方式。具有这种思维方式的人喜欢进行历史模拟和单向性的回忆，注意传统的延续性、经验的有效性。而对外来的东西往往本能地抵制，对周围各种有益的意见，常常采取拒斥的态度；在实际工作中，讲话、行文常常引经据典，套话连篇，唯恐别人说自己不正统，而又特别喜欢谈及别人不正统；从事学术研究，则习惯于整理、考据、疏正、解释圣人、伟人们的学说，只能沿着某个固定的方向或向前引申，或向后回溯。因此，习惯于线性思维的人，虽然思维也有运动，但运动极其有限，缺乏应有的多向思考的灵活性。

线性思维可以分为正向线性思维和逆向线性思维。正向线性思维的特点是，思维从某一个点开始，沿着正向向前以线性拓展，经过一个点或是几个点，最终得到思维的正确结果，在答题中则表现为最终得到正确的答案。

（三）平面思维的培养与训练

平面思维是人的各种思维线条在平面上聚散交错，也就是哲学意义上的普遍联系，这种思维更具有跳跃性和广阔性，联系和想象是它的本质。我们通常所说的形象思维属于平面思维的范畴。例如什么样的东西可以做成一幅画呢？对于这个问题的回答很多人会选择纸和墨。但曾经就有一个画家用他母亲的头发做成了他母亲的头像。由此可见，这个问题不是简单的线条型的单向思维能回答的。如果我们把"画"字放在一个平面上，同所有可以想象到的名词联系起来，我们就会发现头发、石头、蝴蝶翅膀、金属、树叶、棉花……都可以用来做成精美的画。这种灵感不正是用平面思维来联系和想象的一种必然结果吗？

联系和想象是平面思维的核心，其特点通常表现为事项之间的跳跃性连接。在这一思维的过程中，它受到逻辑的制约，反过来又常常受到联想的支持，否则思维的流程就会被堵塞。

平面思维，可以从不同的方面去说明思维的中心，可以相对地实现认识某一方面的全面性，但它仍然囿于某个平面中的全面，并不是反映对象整体性的全面，因而这种全面相对于立体思维来说，仍然是不全面的。

三、立体思维训练

（一）立体思维的含义

立体思维也称多元思维、全方位思维、整体思维、空间思维或多维型思维，是指跳出点、线、面的限制，能从上下左右、四面八方去思考问题的思维方式，也就是要"立起来思考"。这种思维方法强调占领整个立体思维空间，并有纵向垂直、水平横向以及交叉等全方位的思考。

（二）立体思维的三个维度

立体思维的时空观点很强。所谓时间或空间只是人们在对存在的事物的认识和理解的基础上创建的概念，大自然本身并不存在时间或空间，或者说，空间本身什么都不是。一切与时间或空间有关的概念只表示人们在了解或认识事物时所形成的各种意识的形态。

人类社会需要时间和空间，于是人们把自然事物形态的变化特点认知为时间的作用，把自然事物的变化现象认知为空间的存在。例如，从人类生活的地球表面到大气层，或从大气层到外太空，甚至是从外太空到整个太阳系，这些人类认知中的空间，实质上都只是自然变化的一种现象。这些认知，表现了人们对宇宙天体的认知程度，并不是所谓的空间。

空间和时间是事物之间的一种秩序。空间用以描述物体的位形，时间用以描述事件之间的先后顺序。空间和时间的物理性质主要通过它们与物体运动的各种联系而表现出来。在狭义相对论中，不同惯性系的空间和时间之间遵从洛伦兹变换。根据这种变换，同时性不再是绝对的，相对于某一参照系为同时发生的两个事件，相对于另一参照系可能并不同时发生。在狭义相对论中，长度和时间间隔也变成相对量，运动的尺相对于静止的尺变短，运动的钟相对于静止的钟变慢。

1. 有一定的空间

人们根据自然事物呈现形态特征所建立的概念就是空间。世界上的万物都在一定的空间存在。立体思维就充分考虑了事物存在的空间，能跳出事物的本身，从更高的角度去观察、思考问题。

2. 有一定的时间

世界上的事物都是在一定的时间中存在的，从时间的角度去思考，往往可以使我们做今昔的对比，从而展望未来，具有超前意识。

3. 万物联系的网络

世界上的事物都不是孤立存在的，它们相互构成一定的联系。我们在事物的联系中去思考问题，就容易找出事物的本质，从而拓宽创新之路。

（三）立体思维的特征

1. 层次性

层次性是指系统在结构或功能方面的等级秩序。层次性具有多样性，可按物质的质量、能量、运动状态、空间尺度、时间顺序、组织化程度等多种标准划分。不同层次具有不同的性质和特征，既有共同的规律又各有特殊规律。要想对认识对象形成整体性的立体反映，首先就要把握或者分析认识对象的层次，包括认识对象的运动、变化或发展，经历了哪些阶段或层次，认识对象的组成结构，具有什么样的层次等。

2. 多维性

一般一维到三维是人类可见的效果，而到四维以后就不可见了，那么立体思维的多维性就是指立体思维的三维性。点运动成线，线运动成面，面运动成体。那么立体思维就是要从多方面、多角度、多侧面、多方位地去考究认识对象。

3. 联系性

联系性是指立体思维中各种因素、关系、方面的制约性、过渡性和渗透性。

4. 整体性

这是立体地描述、反映思维对象最后完成形态的要求，是立体地认识事物的必然产物。

5. 动态性

事物总是发展变化的，那么立体思维也不能局限于某一时间和空间，要随着事物的变化而变化。

（四）立体思维的三规律与三方法

1. 立体思维的三规律

①诸多因素综合律。诸多因素综合律是指思维在由低级向高级发展的过程中，在把点、线、面的思维上升为立体思维的过程中，必须动用多种观察工具、多种思维形式，把思维对象的各个方面、各种因素综合为一个整体，方能形成整体的思维。

②纵横因素交织律。纵横因素交织律是指在纵的分析与横的分析的基础上，使两者交织成一个有机整体。纵的分析是对认识对象进行历史的分析，横的分析是分析思维对象运动全过程中内在矛盾和外在矛盾的各个方面，分析各个矛盾在各个发展阶段上（层次上）的特征和联系。

③各层次、因素、方面贯通律。各层次、因素、方面贯通律是指在立体思维的过程中，从问题的提出到问题的展开，必须按照思维自身和事物自身的层次、环节、阶段或结构，使其内容有条不紊地安排或组织起来，充分体现出立体思维的有序性。这是思维对象和思维自身具有的结构层次和发展层次在人的思维中的反映。

2. 立体思维的三方法

①整体性思考方法。整体性思考方法是指以诸多因素综合律为依据的整体性思维方法。在立体思维的过程中，其根本宗旨和最后归宿，就是要全面把握、反映思维对象的整体，运用整体性的思考方法，可以把看来是零碎的、没有联系的东西组成互相联系的整体。

②系统性的方法。系统性的方法是指以各层次、因素、方面贯通律为依据的思维方法。在运用这种方法的过程中，要注意层次或顺序，或是从小系统到大系统逐级进行，或是从大系统到小系统逐级进行，不能越级，否则，就可能出现错误。

③结构分析方法。结构分析方法是指以纵横因素交织律为依据的思维方法。立体思维必须了解整体或系统中各组成部分处于什么位置，各起着何种作用，应当如何组合、排列等。这样，立体思维既可把握事物的整体，又可把握构成这个整体的内在机制，了解这个整体结构的性质。

四、逻辑思维训练

（一）逻辑思维的含义

逻辑思维又称为理论思维、抽象思维或闭上眼睛的思维，是指人们在认识过程中借助于概念、判断、推理等思维形式能动地反映客观现实的理性认识过程。它是作为对认识者的思维及其结构以及起作用的规律的分析而产生和发展起来的，是人的认识的高级阶段，即理性认识阶段。逻辑思维是一种确定的而不是模棱两可的、前后一贯的而不是自相矛盾的有条理、有根据的思维。在逻辑思维中，要用到概念、判断、推理等思维形式和比较、分析、综合、抽象、概括等方法，而掌握和运用这些思维形式和方法的程度，也就是逻辑思维的能力。

逻辑思维要遵循逻辑规律，这主要是形式逻辑的同一律、矛盾律、排中律、辩证逻辑的对立统一、质量互变、否定之否定等规律，违背这些规律，就会导致认识上的混乱和错误，继而在思维上发生偷换概念、偷换论题、自相矛盾、形而上学等逻辑错误。

（二）逻辑思维的特点

1. 逻辑思维的规范性

规范性是指凡是有人群的地方，每个人的一言一行、一举一动都有一定的规矩和标准。在管理学上，规范性是指一个企业从筹建、运行到分立、撤并，从运行中的物质供应、生产制造到产品销售，每个环节、每个步骤、每个流程、每个岗位都有一定的规矩和标准。规范性强调的是有规矩和标准，逻辑思维恰恰是遵循规矩和标准的过程。不论是概念的起点，还是判断的发展，以及最后的推理，都是有科学方法可依、层层递进的思维过程。逻辑思维关注目标，沿着思维发展的脉络，推演出应采取的措施或行为。

2. 逻辑思维的严密性

严密是指事物之间结合得紧密，没有空隙；或者是考虑很周到，没有疏漏。逻辑思维的严密性即指在逻辑推理过程中，由于建立在概念和判断的基础上，推出的最终结论是紧密的，是不会出现逻辑上的错误的。

3. 逻辑思维的确定性

"确定"是一动词，通常有以下几种词义：固定、明确肯定、坚定、必然、确实无疑、表示坚决等。那么确定性则是相对于不确定性而言的，是指事先就能准确知道某个事件或某种决策的结果，或者说，事件或决策的可能结果只有一种，不会产生其他结果。

逻辑思维推导出的结论就是确定的，不存在模棱两可的情形。

4. 逻辑思维的可重复性

重复性是指用同一方法在正常和正确操作情况下，由同一操作人员，在同一实验室内，使用同一仪器，并在短期内对相同样本做多个单次测试，在95%的概率水平下得出两个独立测试结果的最大差值。逻辑思维的可重复性，即指同一个人在同样的假设或已知条件下运用同样的逻辑思维过程，最终推导出的结论是相同的。

（三）逻辑思维的作用

1. 逻辑思维的一般作用

首先是有助于我们正确认识客观事物；其次是可以使我们通过揭露逻辑错误来发现和纠正谬误；再次是能帮助我们更好地去学习知识；最后是有助于我们准确地表达思想。

2. 逻辑思维在创新中的积极作用

发现问题；直接创新；筛选设想；评价成果；推广应用；总结提高。

（四）逻辑思维的形式

1. 形式逻辑

形式逻辑又叫普通逻辑，也是我们平常说的逻辑，是指抛开具体的思维内容，仅从形式结构上研究概念、判断、推理及其联系的逻辑体系。

2. 数理逻辑

数理逻辑是在普通逻辑（形式逻辑）的基础上发展起来的新的逻辑分支学科。数理逻辑在深度和广度上推进了传统逻辑，使它更加精确和严密。由于数理逻辑使用了数学的语言和符号，揭示了事物和事物之间的数量关系，不仅深化了传统自然科学学科的研究，而且对计算机科学、控制技术、信息科学、生物科学等学科的发展有着重要的意义。

3. 辩证逻辑

辩证逻辑就是按照辩证唯物主义哲学对客观世界的认识方法和思维方式去认识世界的逻辑体系。列宁说过，辩证逻辑不是关于思维的外在形式的学说，而是关于一切物质的、自然的和精神的事物的发展规律的学说，即关于世界的全部具体内容及对它的认识的发展规律的学说。

（五）逻辑思维的方法与训练

1. 演绎推理法

演绎推理就是由一般性前提到个别性结论的推理。按照一定的目标，运用演绎推理的思维方法，取得新颖性结论的过程，就是演绎推理法。

例如，一切化学元素在一定条件下都会发生化学反应。惰性气体是化学元素，所以，惰性气体在一定条件下确实能够发生化学反应。这里运用的就是演绎推理法。

演绎推理的主要形式是三段论法。三段论法就是从两个判断中得出第三个判断的一种推理方法。上面的例子就包含了三个判断。第一个判断是一切化学元素在一定条件下都会发生化学反应，提供了一般的原理原则，叫作三段论式的大前提。第二个判断是惰性气体是化学元素，指出了一种特殊情况，叫作小前提。根据这两个判断，说明一般原则和特殊情况间的联系，因而得出第三个判断："惰性气体在一定条件下确实能够发生化学反应"。

只要作为前提的判断是正确的，中间的推理形式是合乎逻辑规则的，那么必然能够推出"隐藏"在前提中的知识。这种知识，尽管没有超出前提的范围，但毕竟从后台走到了前台。对我们来说，往往也是新的，而且由于我们常常为了某种实际需要才做这种推理，其结论很可能具有应用价值。这样演绎推理的结论就可能既具有新颖性又具有实用性。

2. 归纳推理法

（1）完全归纳推理

从一般性较小的知识推出一般性较大的知识的推理，就是归纳推理。在许多情况下，运用归纳推理可以得到新的知识。按照一定的目标，运用归纳推理的思维方法，取得新颖性结果的过程，就是完全归纳推理法。

（2）简单枚举归纳推理

简单枚举归纳推理是列举某类事物中一部分对象的情况，根据没有遇到矛盾的情况，便做出关于这一类事物的一般性结论的推理。

在它的结论的基础上，可以继续研究，如果证明是正确的，就得到了新的知识。即使证明了是错误的，也从另一方面给了我们新的知识。

（3）科学归纳推理

科学归纳推理是列举某类事物一部分的情况，并分析出制约此情况的原因，以此结果为根据，从而总结出这一类事物的一般性结论的推理方法。

3. 实验法

实验是为了某一目的，人为地安排现象发生的过程，据之研究自然规律的实践活动。实验的特点是必须能重复，能够在相同条件下重复地做同一个实验，并产生相同的结果，这是一个实验成功的标志，不能重复的实验就不是成功的实验，其结果就没有可信度，就不能作为科学依据，这是符合逻辑思维原理的。

实验法研究有诸多优点，比如：能够纯化研究对象；能够人为地再现自然现象；可以改变现象的自然状态；可以加速或延缓对象的变化速度；还可以节约费用，减少损失。

4. 比较研究法

比较研究法简称比较法，是指通过两个或两个以上对象的相同点和差异来获得新知识的方法。

在比较研究法中，主要起作用的还是逻辑思维中的演绎推理、归纳推理和类比推理，所以，比较研究法是运用逻辑思维进行创新的一种方法。比较可以是空间上的横向比较，也可以是时间上的纵向比较，还可以是直接比较和间接比较。

通过比较研究，可以鉴定真伪，区分优劣；明察秋毫，解决难题；确定未知，发现新知；取长补短，综合改进；追踪索骥，建立序列。

5. 证伪法

根据形式逻辑中的矛盾律，在同一时间、同一关系上，不能对同一对象做出不同的断定。用一个公式来表示：A 不能在同一时间、同一关系上是 B 又不是 B。

根据形式逻辑中的排中律，在同一时间、同一关系上，对同一事物两个相互矛盾的论断必须做出明确的选择，即必须肯定其中的一个。用一个公式来表示：A 或者 B，或者不是 B，二者必居其一，不可能有第三种选择。

根据以上两个规律，运用逻辑思维方法，可以在证明一个结论是错误的同时，证明另一个结论是正确的。用这种方法来取得正确答案的方法，就是反证法或证伪法。在许多情况下，证伪法可以帮助我们解决疑难问题，取得创新结果。

五、逆向思维训练

（一）逆向思维的含义

逆向思维也称为求异思维，它是对司空见惯的似乎已成定论的事物或观点反过来思考的一种思维方式。

（二）逆向思维的特点

1. 普遍性

逆向思维在各种领域、各种活动中都适用，由于对立统一规律是普遍适用的，而对立统一的形式又是多种多样的，有一种对立统一的形式，相应地就有一种逆向思维的角度，所以，逆向思维也有多种形式。例如：性质上对立两极的转换，如软与硬、高与低等；结构、位置上的互换、颠倒，如上与下、左与右等；过程上的逆转，如气态变液态或液态变气态、电转为磁或磁转为电等。不论哪种方式，只要从一个方面想到与之对立的另一方面，都是逆向思维。

2. 批判性

逆向是与正向比较而言的，正向是指常规的、常识的、公认的或习惯的想法与做法。逆向思维则恰恰相反，是对传统、惯例、常识的反叛，是对常规的挑战。它能够克服思维定式，破除由经验和习惯造成的僵化的认识模式。

3. 新颖性

循规蹈矩地思维和按传统方式解决问题虽然简单，但容易使思路僵化、刻板，摆脱不掉习惯的束缚，得到的往往是一些司空见惯的答案。其实，任何事物都具有多方面的属性。由于受过去经验的影响，人们容易看到熟悉的一面，而对另一面却视而不见。逆向思维能克服这一障碍，往往能出人意料，给人以耳目一新的感觉。

（三）逆向思维的原则

1. 敢想敢说勇于创新的原则

学会逆向思维，敢于提出与众不同的见解，敢于破除习惯的思维方式和旧的传统观念的束缚，跳出因循守旧、墨守成规的老框框，大胆设想。发前人之未发，化腐朽为神奇，标新立异。

2. 严谨原则

逆向思维要经得起推敲，避免表面化、浅层次地思考问题。

3. 遵从规律避免极端的原则

逆向求异应在一定的语言环境或特定的社会背景中进行，只有严格遵循客观规律，准确把握事物的本质，才能避免从一个极端走向另一个极端。如"螳臂挡车"，贬抑螳螂已成共识，你若想褒扬它，想借此改变人们的传统观念，人们将难以赞同。

4. 尊重科学不伤感情的原则

"逆向"虽具有普遍性，但那些违反科学道理，有悖于人们共识和伤害人感情的"逆向"，都是不可取的。

（四）逆向思维的训练方法

1. 反转型逆向思维法

反转型逆向思维法是指从已知事物的相反方向进行思考，找到发明构思的途径。而从"事物的相反方向"思考常常指从事物的功能、结构和因果关系三个方面进行反向思维。

2. 转换型逆向思维法

转换型逆向思维法是指在研究一个问题时，由于解决某一问题的手段受阻，而转换成另一种手段，或转换思考角度思考，以使问题顺利解决的思维方法。如历史上被传为佳话的司马光砸缸救落水儿童的故事，实质上就是一个用转换型逆向思维法的例子。由于司马光不能通过爬进缸中救人的手段解决问题，因而他就转换为另一手段——破缸救人，进而顺利地解决了问题。

3. 缺点逆用思维法

缺点逆用思维法是指利用事物的缺点，将缺点变为可利用的东西，化被动为主动，化不利为有利的思维方法。这种方法并不以克服事物的缺点为目的，相反，它是将缺点化弊为利，找到解决方法。例如，金属会被腐蚀是一件坏事，但人们利用金属腐蚀原理进行金属粉末的生产，或进行电镀等，无疑是缺点逆用思维法的一种应用。

（五）逆向思维的经典案例

某时装店的经理不小心将一条高档呢裙烧了一个洞，使其价格一落千丈。如果用织补法补救，也只是蒙混过关，欺骗顾客。这位经理突发奇想，干脆在小洞的周围又挖了许多小洞，并精于修饰，将其命名为"凤尾裙"。一下子，"凤尾裙"销路顿开，该时装店也出了名。逆向思维带来了可观的经济效益。无跟袜的诞生与"凤尾裙"异曲同工。因为袜跟容易破，一破就毁了一双袜子，商家运用逆向思维，试制成功无跟袜，创造了非常良好的商机。

传统的破冰船，都是依靠自身的重量来压碎冰块的，因此它的头部都采用高硬度材料制成，而且设计得十分笨重，转向非常不便，所以这种破冰船非常害怕侧向漂来的流水。苏联科学家运用逆向思维，变向下压冰为向上推冰，即让破冰船潜入水下，依靠浮力从冰下向上破冰。新的破冰船设计得非常灵巧，不仅节约了许多原材料，而且不需要很大的动力，自身的安全性也大为提高。遇到较坚厚的冰层，破冰船就像海豚那样上下起伏前进，破冰效果非常好。

第三章　创业意识、创业素质及创业能力

第一节　创业意识

一、什么是创业意识

创业意识是指人们从事创业活动的强大内驱动力，是创业活动中起动力作用的个性因素，是创业者素质系统中的第一个子系统，即驱动系统。创业意识包括创业需要、创业动机、创业兴趣、创业理想等要素。

（一）创业需要

创业需要指创业者对现有条件不满足，并由此产生的最新的要求、愿望和意识，是创业实践活动赖以展开的最初诱因和动力。但仅有创业需要，不一定有创业行为，想入非非者大有人在，只有将创业需要上升为创业动机，创业行为才有可能发生。

（二）创业动机

创业动机指推动创业者从事创业实践活动的内部动因。创业动机是一种成就动机，是竭力追求获得最佳效果和优异成绩的动因。有了创业动机，才会有创业行为。

（三）创业兴趣

创业兴趣指创业者对从事创业实践活动的情绪和态度的认识指向性。它能激发创业者的深厚情感，既是产生创业意识的先决条件，又能使创业意识得到进一步增强。

（四）创业理想

创业理想指创业者对从事创业实践活动的未来奋斗目标较为稳定、持续地向往和追求的心理品质。创业理想属于人生理想的一部分，主要是一种职业理想和事业理想，而非政治理想和道德理想。创业理想是创业意识的核心。

二、创业意识的内容

（一）商机意识

真正的创业者会在创业前、创业中和创业后始终面临识别商机、发现市场的考验。他必须有足够的市场敏锐度，可以宏观地审视经济环境，洞察未来市场形势的走向，以便做出正确的决策来保证企业的持续发展。

（二）转化意识

仅有商机意识是不够的，还要在机会来临时抓住它，也就是把握机会，需要把商机转化成实实在在的收入，最终实现自己的创业梦想。转化意识就是把商机、机会等通过创业行动转化为生产力；把我们的才能、在学校学到的知识转化为智力资本、人际关系资本和营销资本。

（三）战略意识

创业初期给自己制订一个合理的创业计划，解决如何进入市场、如何卖出产品等基本问题。创业中期需要制定整合市场、产品、人力等方面的创业策略，转换创业初期的战略。需要指出的是，创业战略不止一种，也没有绝对的好坏之分，创业者关键要找到适合自己的创业之路。在这条路上应时刻保持战略的高度，不以朝夕得失论成败。

（四）风险意识

创业者要认真分析自己在创业过程中可能会遇到哪些风险，一旦这些风险出现，要懂得如何应对和化解。大学生是否具备风险意识和规避风险的能力，将直接影响到创业的成败。

（五）勤奋、敬业意识

李嘉诚说："事业成功虽然有运气在其中，但还是要靠勤劳，勤劳苦干可以提高自己的能力，就有很多机会降临在你面前。"大学生创业，一定要务实，要勤奋，不能光停留在理论研究上。可以从小投资开始，逐步积累经验，不能只想着一口吃个胖子。没有资金，没有人脉都不要紧，关键要有好的思路和想法，有勇气迈出第一步，才会有成功的可能。

三、创业意识的重要性

创业意识是指创业活动中非常重要的隐性因素。只有基于自身条件产生了强烈的创业需要，并力求达到创业成效，取得成就，培养成兴趣，作为一种人生职业理想，才可能从源头上为创业以及创业成功筑牢基础。同时，只有具有良好的商机意识，较强的转化意识、战略意识、风险意识，以及勤奋、敬业意识，才可能真正把握住创业机会，才能取得创业成就。相反，没有良好的创业意识，再好的环境、机会摆在面前，都不会产生创业的想法，更不可能作为一种人生职业理想，从而胆大心细地坚持下去并取得创业成就。

创业意识对创业素质和创业能力的提高也有非常重要的影响，它起到了基础和动力的作用。有良好的创业意识，才有利于创业素质的挖掘和创业能力的提高。

四、培养创业意识的方法

培养创业意识要在日常生活中随时进行自我观察，要"认识你自己"，认清自己的需要、兴趣、理想，分析自己做事的动机，并且养成知行统一的习惯，勇于实践。培养创业意识还应该去观察市场，分析市场经济环境，判断市场趋势；要养成举一反三的思维习惯，把自己已学的知识、已有的关系转化为创业需要的各种资本；要思考自己应该怎样进入市场，选择何种产品，怎样整合各种资源，制定适合自己创业的战略方法；要预测各种可能遇到的风险，做好应对之策；要养成务实、勤劳的习惯，踏踏实实积累经验，逐步迈向更大的成功。

第二节　创业素质

一、创业者概述

创业者一词由法国经济学家坎蒂隆于 1755 年首次引入经济学。1800 年，法国经济学家萨伊首次给出了创业者的定义，他将创业者描述为将经济资源从生产率较低的区域转移到生产率较高区域的人，并认为创业者是经济活动过程中的代理人。著名经济学家熊彼特则认为创业者应为创新者。

在欧美学术界和企业界，创业者被定义为组织、管理一个企业并承担其风险的人。创业者的对应英文单词是"entrepreneur"。"entrepreneur"有两个基本含义：一是指企业家，即在现有企业中负责经营和决策的领导人；二是指创始人，通常理解为即将创办新企业或者是刚刚创办新企业的领导人。

香港创业学院院长张世平认为，创业者是一种主导劳动方式的领导人，是一种无中生有的创业现象，是一种具有使命、责任能力的人，是一种组织、运用服务、技术、器物作业的人，是一种独立思考、推理、判断的人，是一种能使人追随并在追随的过程中获得利益的人，是一种具有完全权利能力和行为能力的人。

二、创业者需要具备的基本素质

从成为创业者这一角度来看，显然并无太多特殊的要求，创业者并不是特殊人群。而成功的创业者不仅要具备一般人的基本素质，还要具备独特的创业素质。这些独特的创业素质主要包括以下七个方面。

（一）创业者身体素质

良好的身体素质是成功创业的前提，健康的身体是成功创业的基础。第一，创业之初，受资金、制度、管理、经营环境等各方面条件的限制，许多事情都需创业者亲力亲为；第二，在创业过程中，创业者需要不断地思索如何提高经营管理水平，从而使企业在激烈的竞争环境中迅速成长；第三，在整个创业过程中，创业者工作时间远远长于一般工作者，并且需要承受巨大的风险压力。所有这些因素都要求创业者必须具备充沛的体力、旺盛的精力、敏捷的思路，如果没有过硬的身体素质，创业者必然力不从心、难以承担创业重任。

（二）创业者道德素质

道德是理想之光，成功的创业者必定是一个道德高尚的人，他会在创业的过程中造福一方，惠及他人，做到言出必行。在创业过程中，创业者要做到两点。第一，适度控制私心小利。从个体角度讲，如果创业者过于看重自己的利益得失，不注重维护创业团队成员或企业员工的利益，那么创业者将失去支持者。从企业的角度讲，如果创业者过于关注企业局部、短期的利益，企业则很难做大、做强、做久。第二，要做到得意不忘形，失意不失志。一个成功的创业者在创业顺利时能够居安思危，在创业失利时能够保持斗志使企业转危为安。

（三）创业者心理素质

创业的成功在很大程度上取决于创业者的心理素质。创业者在创业的过程中难免会遇到诸多挫折、压力甚至失败，这就需要创业者具有非常强的心理调控能力，能够持续保持一种积极、沉稳、自信、自主、刚强、坚韧及果断的心态，即有健康的创业心理素质。宋代大文豪苏轼说："古之立大事者，不惟有超世之才，亦必有坚忍不拔之志。"只有具有处变不惊的健康心理素质，才能到达胜利的彼岸。

（四）创业者思想素质

企业是一步一步做大做强的，这要求创业者必须具备特殊的思想素质，具体包括以下两点。第一，既要志存高远，又要脚踏实地。创业者既要为企业做全局的、长期的战略规划，又能步步为营按照市场规律办事，从小处做起，做到精细管理。第二，既要有胆有谋，又要有风险防范意识。创业不是靠运气，而是靠胆识和谋略，是一种理性的风险投资，这也要求创业者必须有胆有谋。同时，创业集融资与投资为一体，有一定的风险，这又要求创业者必须有一定的风险意识及防范风险的意识。

（五）创业者知识素质

创业者的知识素质对创业起着举足轻重的作用。创业者要具有创造性思维，要做出正确决策，必须掌握广博的知识，具有一专多能的知识结构。具体来说，创业者应该具有以下几方面的知识：第一，正确认识国家政策法规，唯有此才能用足、用活政策，依法行事，用法律维护自己的合法权益；第二，了解科学的经营管理知识和方法，提高管理水平；第三，掌握与本行业本企业相关的科学技术知识，依靠科技进步增强竞争能力；第四，具备市场经济方面的知识，如财务会计、市场营销、国际贸易、国际金融等。

（六）创业者经验素质

经验素质是创业者在创业过程中实践经验的积累。经验是形成管理能力的中介，是知识升华为能力的催化剂。缺少创业经验，是创业者特别是大学生创业者面临的一个重要问题。创业需要创业者具备很强的综合能力，一些创业者虽然有一些好的创业构想，但是由于缺乏创业经验，不是项目很难得到市场的认可，就是很容易被别人复制。要想提高自己的创业成功率，创业者应该考虑如何去积累创业经验，切实提高经验素质。

（七）创业者协调素质

创业者在创业过程中需要协调企业内部各部门、各成员之间的关系，同时，还要协调企业与外部相关组织、个人之间的关系，这种关系既包括工作关系也包括人际关系，所以要求创业者必须具备良好的协调素质。创业者的协调素质，是一种性质复杂的素质，要求创业者懂得一套科学的组织设计原则，熟悉并善于运用各种组织形式，善于用权，能够指挥自如，控制有方，协调人力、物力、财力，从而在企业的管理上获得最佳效果。

三、提高创业素质的途径

（一）未雨绸缪，做好创业思想准备

凡事预则立，不预则废。大学生创业必须牢固树立投身创业的理想和志向，未雨绸缪，认真做好创业的各项准备；否则，在真正开始甩开膀子大干一场的时候，很容易被现实的困难、挫折吓倒。有创业志向的大学生在校期间就要树立创业的志向，有意识地培养创业的意志品质。大学生创业者要将创业理想和实际学习目标有机结合，不怕困难和挫折，严于律己，顺利完成学业；积极参加各种社会实践活动，在确定目标、制订计划、选择方法、执行计划和开始行动的整个实践活动中，锻炼意志品质；加强意志的自我锻炼，注意培养和提高自我认识、自我监督、自我评价和自我鼓励的能力；积极参加体育锻炼，在锻炼身体的过程中磨砺自身坚强的意志。

（二）寓学于行，提高创业素质水平

创业之难，有目共睹；创业成功，难上加难。大学生要想取得创业成功，不光要做好思想准备，还要自觉培养商业意识，潜心钻研相关商业知识。特别是要在创业实践中敏锐观察，科学分析，探求事物发展的规律，去伪存真，把握事物的本质；要自觉培养自身的信息处理能力，善于收集和利用信息，摸清市场运行的基本规律，积极主动地寻求和创造商业机会；纵深挖掘潜能，自觉形成立足现在、着眼未来的战略理念。因此，大学生创业者在培养自己的创业才能时，绝不能仅仅从让自己成功的方面去寻求提高的捷径，而必须在多方面打好扎实的基础，既要通过理论学习增长理论知识，也要通过创业实践增强职业技能，更要通过创业的竞争和自我否定增长才能，以求得创业能力的全面提高，努力做到寓学于行，知行合一。

（三）坚持不懈，科学调整创业心态

人生难得几回搏。创业之路充满荆棘，成功和失败并存，大学生创业者既要有面临创业顺境时的忧患意识，又要有面临创业逆境时的抗压能力。在整个创业过程中大学生创业者一般都会经历以下几个阶段：首先是不甘学习、生活和发展现状—建立创业发展规划目标—组织创业团队—为实现目标奋斗；其次是不考虑任何物质利益的尝试—挫败—失败—再尝试—局部成功；最后是成功点逐步增多—成功从量的积累实现阶段性的飞跃—最终走向成功。伴随创业的发展历程，大学生创业者的心态也将发生变化：最初是兴趣、特长和爱好—目标和热情—团队工作的乐趣—梦想和理想化的前景激励；接下来是挫败、怀疑和信心的反复摧残和重建；最后是重新评估和对目标、自身的再认识—责任—新的乐趣和兴奋点。为此，大学生创业者要坚信"天生我材必有用"，增强创业自信心；在创业实践中科学调整心态，增强思维反应能力和抗挫抗压的能力。正所谓"长风破浪会有时，直挂云帆济沧海"。

第三节　创业能力

一、创业者应具备的创业能力

创业能力是指创业者解决创业过程中遇到的各种复杂问题的本领，是创业者基本素质的外在表现。从实践的角度看，创业者能力表现为创业者把知识和经验有机结合起来并运用于创业管理的能力。它具体包括以下七个方面的能力。

（一）机会识别能力

机会识别能力是指创业者采用种种手段来识别市场机会的能力。创业者要学会从各种渠道获取信息，发现市场机会，分析市场环境，判断市场趋势。

（二）风险决策能力

风险决策能力主要体现在创业者的战略决策上，即创业者在对企业外部经营环境和内部经营环境进行周密细致的调查和准确而有预见性的分析的基础上，确定企业发展目标，选择经营方针和制定经营战略的能力。创业者有时候也做出一些战术性决策，但更多的精力是用于战略决策。

（三）战略管理能力

战略管理能力指创业者整体地考虑企业的经营环境，理解如何适应市场，如何创建竞争优势的能力。创业者需要根据企业的优势、劣势并结合外部环境的机会、挑战正确地制定企业发展的战略目标。只有确定了正确的战略目标，企业才能走得更远。创业者的战略管理能力要素包括三个方面：第一，专业技能，即积累工作需要的知识、经验，如设计能力、系统分析能力等；第二，交际技能，即能使企业形成良好氛围的能力，如合作、协调、激励、沟通等；第三，综合判断能力，即能从企业整体的视野判断解决问题，做对公司整体有利的决策。

（四）开拓创新能力

开拓创新能力的实质是一种综合能力，它是各种智力因素和能力品质在新的层面上相互作用和有机结合所形成的一种合力。它是以智能为基础具有一定科学根据的标新立异的能力。拥有开拓创新的能力对于追求事业成功的人，实在非常重要。竞争者有那么多，凭什么可以制胜？我们有什么条件令自己出类拔萃？我们一定要有一些特色，有一点创意，令人耳目一新，这样才可以赢得人心。

（五）网络构建能力

创业者应当善于建立本行业的社会网络，密集的行业网络沟通有助于创业者从广泛的社会网络中获取高回报的创业信息，促使创业者在由网络提供的信息中，吸取经验教训，培养创业精神——既勇于冒险，又坦然地接受失败。网络构建能力较强的创业者，由于掌握了丰富的生产、销售等信息，因而其决策更为科学，成功率更高。

（六）组织管理能力

创业者是研究、开发、生产、销售等各个环节的协调者、组织者和领导者，因此，创业者应当具有组合生产要素、形成系统合力的组织管理能力。创业者尤其应具备以下两方面的能力：一是必须对自己经营的事业了如指掌，有预测生产和消费趋势的能力；二是善于选择合作伙伴，有组织或领导他人、驾驭局势变化的能力。

（七）社交能力

创业者常常与不同的人进行交往，如果拥有较强的社交能力，将有助于创业的成功。

二、为什么创业者要具备创业能力

创业能力是创业者创业成功的保证。只有学会学习，能有效地掌握各方面的信息，并且具有开拓创新精神，把握好创业心理、创业机会、创业行动、创业过程、创业计划等各方面，在面临各种可能方案时，能根据实际条件，果断决策，能了解行业发展、生产、销售等信息，能对资源、人力等有良好的组织、领导、协调能力，有较强的建立关系的语言表达和心理感受等社会交际能力，才能跟上时代的步伐，发现、把握住商业机会，展开商业活动，取得创业成功。如果没有良好的创业能力，那么就不可能有效发现时代的商业机会，不可能很好地吸引、整合各方面的资源、关系，不清楚行业发展的生产、销售等信息，也不可能很好地开展创业各阶段的工作，创业也就步履维艰。

三、如何提高创业能力

（一）提升机会识别能力

创业者可以通过以下四个方面提高自身的机会识别能力。第一，关注技术、市场和政策的变化，提高对环境变化的敏感度及警觉性；第二，重视交往，组建自己的社会网络，丰富创业信息的来源渠道；第三，明确创业目标，提高创业机会评价能力；第四，重视自身创造力的培养，塑造创造型人格，激发机会识别潜力。

（二）培养决策能力

创业者培养决策能力应注意以下三点。第一，克服从众心理。决策能力强的人，能摆脱从众心理的束缚，解放思想，冲破世俗，不拘常规，大胆探索；唯有此，创业者才能独具慧眼，捕捉到更多的机遇。第二，增强自信心。创业者首先要有迎难而上的胆量，其次要变被动思维为积极思维，最后要培养自己的责任感和义务感。第三，决策不求十全十美，但应注意把握大局。

（三）提升决策能力

提高创业者的决策能力有以下几种途径：从博学中提高决策的预见能力；从实践中提高决策的应变能力；从思想上提高决策的冒险能力；从心理上提高决策的承受能力；从思维上提高决策的创造能力；从信息上提高决策的竞争能力；从群体上提高决策的参与能力。

（四）培养开拓创新能力

创业者培养开拓创新能力要做好以下三点。

1. 积累知识，增长才干

开拓创新需要胆识，也需要知识和才干。没有知识的积累，缺乏必要的才干，开拓创新就无从谈起。创业者的知识和经验积累越多，开拓创新的能力就愈强。因为一个人只有具备丰富的知识与经验，才能拥有超群的才干、过人的胆识，才能接受新思想，吸纳新知识，抓住新机遇，创造新成果。

2. 培养想象力

想象力是从事任何职业的人都需要的，对需要具备开拓创新能力的创业者而言，进一步培养自己的想象力就变得更为重要。爱因斯坦在总结自身经验时指出："想象力概括着世界上的一切，推动着进步，并且是知识进化的源泉。"

3. 培养发散思维能力

发散思维又称创造性思维、求异思维，是沿着不同方向、不同角度，全方位、多层次地寻找解决问题的答案的一种思维方式。具备发散思维能力，对培养创业者的开拓创新能力无疑具有重要作用。

创业者可以以利用自身资源、关系等争取与本行业各企业建立广泛联系，通过开展信息共享，相互学习、借鉴等方式了解行业发展动态，进而吸取经验教训，做出科学决策。

创业者要把握自己企业的现状，预测企业的未来，从提高自身人格魅力、紧密联系群众等方面组织、协调、管理好各方人力，相互配合、相互支持，有效地执行决策，提高效率。

娴熟的社交能力主要从两个方面来培养。首先，树立自己良好的社交形象。仪表要大方，举止得体，亲切和蔼，言谈幽默；要有吸引人的社交魅力；要学会体察各种人的心理；要掌握多种社交技巧，如社交语言运用的技巧、待人接物的技巧、各种社交场合交往的技巧等；掌握各个国家、各个民族的社交礼仪和风俗习惯。其次，要有良好的文字表达能力和口头表达能力；要善于与人交谈，能熟练自如地运用语言吸引听众，创造和谐的气氛；要善于辩论，在一些问题的辩论中能运用逻辑性思维和准确有力的语言驳倒对方的错误观点，同时做到有理、有礼、有节；要有谈判能力，在谈判中运用语言创造和谐的氛围，提出有益的建议，争取对方的理解和合作，维护公司的利益；要有演讲能力，善于运用演讲技巧，通过口头语言、身体语言，让自己的观点深深地感染听众。

（五）受人欢迎的创业者要掌握的十项原则

1. 记住对方的名字

熟记对方的名字可使对方对你产生深刻的印象，这是因为姓名对于个人而言，可以说是最具代表性的。

2. 做一个随和的人

尽量使自己成为一个随和的人，而且令人不至于感到有压迫感。总之，你必须是一个毫不做作的人。

3. 止怒

为避免发怒生气，试图训练自己面对任何事都能泰然处之，从容不迫。

4. 顺其自然

无论任何事情都不逞强或力求表现，而以自然的态度去应对。

5. 保持关心事物的态度

保持关心事物的态度，如此一来，人们通常会乐于与你交往，而受关心的对象也会因你而得到鼓励。

6. 注意细节

尽量除去个性中不拘小节之处，即使是在无意中所产生的也应如此。

7. 努力化解心中的抱怨

抱怨不能减少一个人的烦恼，也无法化解任何困难，要保持乐观的态度。

8. 以爱人的态度推及每一个人

不要忘记威鲁洛加斯所言："我从未遇过讨厌的人。"同时秉持这一信念努力实行。

9. 对于友人的成功不要忘记表示祝贺

对友人的成功表示祝贺；同样地，在友人悲伤失意时，记住诚恳地致上同情之意。

10. 体谅、帮助他人

对于他人的处境应有深刻的体会，以便对他人有所帮助，若能尽心尽力帮助他人，他人也会对你付出关怀。

第四章　创业机会与创业项目

第一节　创业机会

一、创业机会的概念

创业是建立在机会基础之上的。创业机会是创业研究过程中的核心问题，发现创业机会是创业过程的基础。对创业机会进行深入了解是学习创业的必要一步。

"创新理论"鼻祖熊彼特把机会定义为通过把资源创造性地结合起来，迎合市场需求（或兴趣、愿望）并传递价值的可能性。也有学者把机会定义为与现状不同的且被视为可行的、渴望的未来状态，可行与技术及经济因子有关，渴望则是主观的偏好。"创业教育之父"蒂蒙斯认为，机会是指尚不明确的市场需求，或者未被利用的资源和能力。还有学者提出，机会是个体获取、整理并解读信息的过程。

就语言文字的角度而言，机会是指恰好的时机，是一个时间的概念。本节所讨论的"机会"主要是指"市场机会""商业机会"或"创业机会"。其主要含义：一是指从事商业活动的时机；二是指市场主体平等、公平地参与市场竞争的资格；三是指通过某种具体的行为获得某种商业利润或达成某项交易的可能性。

创业机会，最简单的理解就是创业者可以利用的商业机会。对它的理解通常有两种不同的视角。一种视角是从客观角度考察创业机会，认为创业过程中的机会就是为了满足市场的需求，对于市场中产品或者服务所存在的潜在价值的搜索和发现就是机会，从市场中获取潜在的利润的可能性就是创业机会。

上述研究认为创业机会是客观存在的，而创业者的使命就是去发现市场中潜在的机会。

另一种视角则突出了创业者的主观性作用，认为创业者的个人主观因素在机会识别过程中至关重要；认为创业机会通过将新的产品、服务和原材料等引入生产，进而将这些要素进行组合以满足外部需求，创造出价值。这一观点认为创业机会可以提供一种新的产品或者服务，或者说是一种新的组织管理模式，通过对这些要素进行销售以获取利润。因此，从主观视角看待创业机会，其实质是从动态的视角对创业机会进行剖析。这一视角的研究揭示了对于创业者来说，在搜索创业机会的同时，也需要进一步地去评价和完善创业机会。

从以上不同角度，人们给创业机会下了不同的定义。

①可以为购买者或使用者创造或增加有价值的产品或服务，具有吸引力、持久性和适时性。

②可以引入新产品、新服务、新原材料和新组织方式，并能高于成本价出售。

③是一种新的"目的—手段"关系，能为经济活动引入新产品、新服务、新原材料、新市场或新组织方式。

④主要是指具有较强吸引力的、较为持久的有利于创业的商业机会，创业者据此可以为客户提供有价值的产品或服务，并同时使创业者自身获益。

综上所述，可以得出较为全面的概念：创业机会也称市场机会，是指在市场经济条件下，在社会的经济活动过程中形成的一种有利于企业经营成功的因素，是一种带有偶然性并能被经营者认识和利用的契机。

创业机会对于创业来说非常重要。蒂蒙斯教授认为，创业过程始于商业机会，而不是资金、战略、网络、团队或商业计划。开始创业时，商业机会比资金、团队的才干和能力及适合的资源更重要。商业创意来自创业机会的丰富和逻辑化，并最终演变为商业模式。对于创业者而言，他只有在发现创业机会后，才会进一步考虑能否获得必要的资源，以及能否利用这个创业机会最终创造利润。如果能够产生利润，这个机会对于这位创业者来说就成为创业机会，以此为基础，就可以决定是否可以进行创业。

创业机会通常由消费者未被满足的消费需求而引起，这种未被满足的需求给创业者提供了为顾客提供更优产品和服务的机会。可是，一个好的想法未必就是一个好的创业机会。例如，我们可能通过一项新技术发明一个非常有创意的产品，但是市场可能并不需要它；或者，一个想法听起来不错，但是在市场上没有竞争力，或不具备必要的资源。而且，尽管有时市场有需求，但是需求的数量不足以收回成本，那也不值得考虑。事实上，新产品的开发超过80%都是失败的。很多发明家的想法听起来很好，但是经受不住市场的考验。由此，可以知道判断一个不错的想法或创意是否是一个创业机会的要诀：是否有市场需求、是否能够获得利润，这需要进一步地了解创业机会的特征。

二、创业机会的特征

为了更好地发现和把握住创业机会，可以先了解创业机会的几个特征。

（一）普遍性

凡是有市场、有经营的地方，客观上就存在创业机会。创业机会普遍存在于各种经营活动过程中。某一个创业机会可能会消失，但一个机会消失，会再产生别的机会。对创业者而言，机会无处不有，永远存在。

（二）偶然性

对一个企业来说，创业机会的发现和捕捉带有很大的不确定性，任何创业机会的产生都有"意外"因素。

（三）消逝性

创业机会存在于一定的时空范围之内，随着产生创业机会的客观条件的变化，创业机会就会相应地消逝和流失。

（四）可被识别性

创业机会是可以被识别的，这也是研究创业机会的意义之所在。创业者可以学习其中的规律，不断去寻找好的创业机会。

不是每个大胆的想法和新奇的点子都能转化为创业机会的。现实中，许多创业者就是仅凭想法创业而失败了。如何判断一个好的创业机会呢？《21世纪创业》的作者第莫斯教授提出，好的创业机会常常满足以下四点。

①它很能吸引顾客；

②它能在你的商业环境中行得通；

③它必须在机会之窗存在的期间被实施。（注：机会之窗是指商业想法推广到市场上去所花的时间，若竞争者已经有了同样的思想，并把产品已推向市场，那么机会之窗也就关闭了。）

④必须有资源（人、财、物、信息、时间）和技能才能创立业务。

在上述四项重要特征中，能吸引顾客是条件。只有对顾客有吸引力，才可能具有良好的市场预期或市场前景，才能有创造超额经济利润的潜力，从而对创业者产生强大的吸引力并引发其强烈的创业欲望。在商业环境中行得通是前提。只有"行得通"才表明这种创业机会是适合创业者的，在这种条件下，创业者往往不需要太多起始投入。创业机会应当是创业者有条件加以利用的市场机会，且市场（或潜在市场）的成长性好。机会之窗存在的期间是指创业的时间期限。创业机会一般会持续一段时间，不至于转瞬即逝，但也不会长久存在，特定的创业机会仅存在于特定的时段内，创业者务必要把握好这个"黄金时间段"，正所谓"机不可失，时不再来"。最后，必须有必要的资源和技能，这是物质基础。有了必备的物质基础，创业者才可能有条件地加以利用，并经由重新组合资源来创造一种新的目的—手段关系，从而为消费者或终端用户创造或增加有价值的产品、服务或业务，创业才可能成功。

三、创业机会的类别

创业机会分类方法如下。

（一）GEM 的分类法

学者出于研究的方便，常采用 GEM 的归类方法。GEM 是全球创业观察项目的简称。该项目是由美国百森商学院和英国伦敦商学院于 1998 年联合发展的对于全球创业状况的研究项目。按这种方法，创业机会依据创业者不同的创业动机被分为两类，即机会型创业者和生存型创业者。机会型创业者把创业作为一种职业生涯的选择，生存型创业者把创业视为迫不得已的选择。创业者因生活所迫，必须依靠创业为自己的生存和发展谋求出路。

（二）依据机会来源的分类法

对于大学生创业者来说，他们更看重的是创业机会的识别。从创业机会的来源来进行分类将有助于更好地把握机会。这种分类方法可将创业机会分为技术性机会、市场性机会和政策性机会三类。

技术性机会，即技术变化带来的创业机会，主要源自新的科技突破和社会的科技进步。通常技术上的任何变化，或多种技术的组合，都可能给创业者带来某种商业机会，具体表现在三方面。①新技术替代旧技术。当在某一领域出现了新的科技突破，并且它们足以替代某些旧技术时，必将带来创业机会。②实现新功能、创造新产品的新技术的出现。这无疑会给创业者带来新的商机。比如，随着计算机的诞生和互联网技术的发展，计算机维修、软件开发、计算机操作的培训、图文制作、信息服务、网上开店等创业机会随之而来。

③新科技带来的新问题。技术在给人类带来新的利益的同时，也会带来某些新的问题。这就会迫使人们为了消除新技术的弊端而去开发新的技术并使其商业化，于是又创造出新的创业机会。

市场性机会，即由于市场的变化产生的创业机会。一般来看，市场性机会主要有以下三类。①市场上出现了新需求。相应地，就需要有企业去满足这些新的需求，这同样是创业者可利用的商业机会。19世纪50年代，"牛仔大王"李维斯像许多年轻人一样，带着发财梦前往美国西部淘金，途中一条大河拦住了去路，李维斯设法租船，做起了摆渡生意，结果赚了不少钱。在矿场，李维斯发现由于采矿出汗多，饮用水紧张，于是，别人采矿他卖水，又赚了不少钱。李维斯还发现，由于跪地采矿，许多淘金者的裤子容易磨破，而矿区有许多被人丢弃的帆布帐篷，他就把这些旧帐篷收集起来洗干净，做成裤子销售，"牛仔裤"就这样诞生了。李维斯把问题当作机会，最终实现了他的财富梦想。②市场供给出现问题。一般来说，市场是不可能一直保持供求平衡的，总会出现供求间的不平衡，或供大于求，或供不应求。因此，创业者如果能发现这些供给结构性问题，同样可以发现并利用这一创业机会。比如，一位大学毕业生发现远在郊区的本校师生往返市区交通十分不便，创办了一家客运公司，就是把问题转化为创业机会的成功案例。③产业转移带来市场机会。从历史上看，世界各国各地的发展进程是有快有慢的，即使在同一国家，不同区域的发展进程也不平衡。这样，在先进国家或地区与落后国家或地区之间就形成一个发展的"势差"。当"势差"大到一定程度，由于国家或地区之间存在"成本差异"，再加上经济发展到一定程度时，环保问题往往会被先进国家或地区率先提到议事日程上，所以，先进国家或地区就会将某些产业向外转移，这就可能为落后国家或地区的创业者提供创业机会。从中外比较中寻找差距，差距中往往隐含某种商机。通过与先进国家或地区比较，看看别人已有的哪些东西我们还没有，"没有的"就是差距，其中就可能蕴藏创业机会。

（3）政策性机会，即政府政策变化所赐予创业者的创业机会。随着经济发展、科技变革等，政府必然也要不断调整自己的政策，而政府政策的某些变化，也可能给创业者带来新的商业机会。比如我国人口政策上的变化，就可出现以下一些机会：为老人提供的健康保障用品，为独生子女服务的业务项目，为年轻女性和上班女性提供的用品，为家庭提供的文化娱乐用品等。

（三）其他分类方法

大学生还应了解一些创业机会的其他分类方法，以更好地识别创业机会。

①按照显性程度进行分类，创业机会可以分为显性的市场机会与潜在的市场机会。在市场上，明显的没有被满足的现实需求，就是显性的市场机会；现有的产品种类未能满足的或尚未完全为人们意识到的、隐而未见的需求，就是潜在的市场机会。显性的市场机会由于明显，识别难度较低，因此抓住这一商业机会并利用这种机会的创业者较多，但难以取得机会效益——先于其他企业进入市场所取得的竞争优势和超额利润。潜在的市场机会虽然不易被人们发现和识别，寻找和识别难度大，但由于抓住和利用这种机会的创业者少，因而机会效益比较高。因此，创业者应注意发现和利用潜在的市场机会，它的利用价值高。

②行业性市场机会与边缘性市场机会。在企业所处的行业或经营领域中出现的市场机会，称为行业性市场机会；在不同行业之间的交叉或结合部分再现的市场机会，称为边缘性市场机会。行业性市场机会一般会受到企业重视，并将其作为寻找和利用的重点，因为它能充分利用行业已有的经验和资源，发现、寻找和识别的难度较低。但由于行业内部企业之间竞争激烈，往往会使机会效益减少甚至丧失。行业间的边缘地带一般是现有企业容易忽视的地方，在这些区域，消费者的需求不能得到充分满足，甚至还会产生一些新的消费需求。这类商业机会大都比较隐蔽，进入壁垒也比较小，带来机会效益的可能性也大。因此，创业者在行业之间的交叉或结合部分寻找市场机会是最为理想的，但寻找和识别边缘性市场机会的难度较大，需要创业者具有丰富的想象力、强烈的创新精神和开拓精神。

③全面市场机会与局部市场机会。在大范围市场上出现的未满足的需要为全面市场机会，在小范围市场上出现的未满足的需要为局部市场机会。前者意味着整个市场环境变化的一种普遍趋势，后者则意味着局部市场环境的变化有别于其他市场的特殊发展趋势。区分这两种市场机会，对于创业者或企业具体测定市场规模，了解需求特点，从而有针对性地开展市场营销活动来说是必要的。

第二节　创业机会的识别

创业机会的正确识别是成功的创业者所需要具备的关键能力之一，是成功创业的关键。创业机会的识别并不是一个静态的概念，而是一个过程，是指创业者在主动创业的过程中敏锐地感知创业机会，通过对个人特性和创业机会所处环境的认知和把握，提出自己的创业构想，并在实施的过程中不断改进的过程。

一、影响创业机会识别的因素

（一）创业者自身对机会识别的影响

影响创业机会识别的创业者自身因素主要包括创业者个人特质和创业者社会关系网等方面。

1. 创业者个人特质

对于机会识别来说，第一重要的因素是创业者的个人因素，这是因为从本质上说，机会识别是一种主观色彩相当浓厚的行为。即使某一创业机会有着较好的预期价值，但是并非每个人都能从事这一机会的开发，并且能坚持到最后。因此，创业者个人特质，如警觉性、风险感知能力、自信、现有的知识等，对创业机会识别有着重大影响。

（1）警觉性

创业者的警觉性可以说是创业活动开展的基础。它是指创业者对潜在的机会信息能够敏感地感知、对隐藏和潜藏的机会有所警惕以及具备相应的洞察力。只有当创业者的警觉性达到了一定的程度才会对识别机会产生作用。也就是说，在创业过程中，创业者的警觉性越高，机会被识别的可能性越大。有研究证明，创业大学生在创业警觉性上显著高于一般大学生。

（2）风险感知能力

有研究认为机会评价与创业者的风险感知显著相关，而创业者的风险感知又取决于创业者的自信心、乐观等因素。

（3）自信

创业者的自信能够增强他们对机会的感知。创业者的执着信念是保证创业者创业成功的关键，也是创业者能够坚持把事业进行到底直至最后成功的关键。

（4）现有的知识

通常，创业者更加关注与他们已经拥有的信息和知识相关的机会，并且创业者拥有的知识将在技术开发、机会识别、机会开发三个方面影响机会的发现。创业者正是基于自身已经具有的知识，才可能会发现新信息的价值，进而更容易发现机会。同时对于有经验的创业者来说，他们可以识别到更多的创业机会，可以利用创新程度高的机会，以及可以进行财富创造的机会。

2. 创业者社会关系网

社会关系网也就是平时所说的人脉。首先，社会关系网可以为创业者提供所需的信息。在创业过程中，信息起着至关重要的作用。创业者需要获取、吸收和利用与所在行业、市场和技术等方面相关的信息进行机会识别。作为创业者信息的关键来源——社会关系网也在其中起了重要作用。有研究发现，拥有大量社会关系网的创业者能够有效地识别创业机会，这与单独行动的创业者在机会识别上形成了显著的差异。其次，社会关系网也会对创业者给予必要的资金和技术支持。2014年7月，《中国青年报》一项调查显示，66.6%的受访者认为对大学生创业意愿影响最大的因素来自家庭，58.2%受访者认为创业大学生最需要来自家庭的资金支持。此外，大量的社会关系网还有助于创业者整合资源、抓住创业机会，投身创业实践。

（二）创业机会的属性对机会识别的影响

机会的自然属性在一定程度上影响人们是否对之进行评价及识别。创业者在创业过程中之所以选择某一机会，在很大程度上是因为相信这一机会在未来产生的价值会超过现有的投入。因此机会识别也会受自身的自然属性的影响。蒂蒙斯认为市场需求、市场规模以及市场利润等指标，对创业机会的识别都有一定的帮助。

（三）企业的组织结构

在研究机会识别的影响因素的过程中，也有学者指出了企业的组织结构的重要作用。比如，有学者指出，当组织结构表现出有机特点时，组织内部信息的流动更加顺畅，导致了组织成员更加容易识别出创业机会。正是通过这种组织管理流程、信息以及管理系统的有机化，组织更加容易识别外部信息与知识，同时也更有利于这些信息知识在组织内部的流通，从而促进创业机会的识别。当组织结构表现出机械性特点时，会对信息和知识在部门间的流通造成阻碍，进而影响员工的探索以及试验活动的进行，从而对机会的识别过程造成阻碍。

除以上因素，创业环境对机会的识别同样起重要作用，包括政治环境、经济环境、人口需求、文化背景、行业发展等宏观因素。

二、创业机会识别的过程

创业过程开始于创业者对创业机会的把握。创业者从成千上万繁杂的创意中选择他心目中的创业机会，随之不断地开发这一机会，使之成为真正的企业直至最终获得成功。在这一过程中，机会的潜在预期价值以及创业者的自身能力得到反复的权衡，创业者对创业机会的战略定位也越来越明确，这一过程称为机会的识别过程。这一机会识别过程实际上是一种广义的识别过程，因为它囊括了大部分研究中提到的机会发现、机会鉴别、机会评价等创业活动。

阶段一，机会的搜寻。这一阶段创业者对整个经济系统中可能的创意展开搜索，如果创业者意识到某一创意可能是潜在的商业机会，具有潜在的发展价值，就进入下一阶段。

阶段二，机会的识别。相对广义上的机会识别过程，这里的机会识别主要是狭义上的理解，即从创意中筛选合适的机会。这一过程包括两个步骤：首先是从整体市场环境和行业的角度判断该机会是否在广泛意义上属于有利的商业机会；其次是从特定的创业者和投资者的角度考察这一机会是否有价值，也就是个性化的机会识别阶段。

阶段三，机会的评价。作为创业机会识别过程的结束阶段，这里的机会评价已经带有调查的含义，相对比较正式。其通常考察的内容包括各项财务指标、技术可行性和市场可行性，以及创业团队的构成等，通过考察做出评价，创业者依此决定是否实施创业。

事实上，在一些研究中，机会识别和机会评价是共同存在的，创业者在对创业机会进行识别时也有意无意地进行评价活动。在他们的分析框架中，机会识别和机会评价并非完全割裂的两个概念，创业者需要评估机会开发中的每一步。也就是说，机会评价伴随整个机会识别。在机会识别的初始阶段，创业者可以非正式地调查市场的需求，以及所需的资源，直到断定这个机会是否值得考虑或是是否值得进一步深入开发。在机会开发的后期，这种评价变得较为规范，并且主要集中于考察这些资源的特定组合是否能够创造足够的商业价值。

三、创业机会识别的途径

创业需要机会，在茫茫的市场经济大潮中如何能发现并把握合适的创业机会？创业机会的发现需要满足两个必要条件：①个体获取承载创业机会的信息；②个体合理解读这些信息并识别其中蕴含的价值。这就揭示了创业机会识别的途径。一般来说，识别和把握创业机会可以通过以下途径。

（一）广泛收集市场信息

处在信息时代，除了利用传统的报纸、电台、电视传递信息外，互联网在人们的生活中已变得十分重要。电子商务、网上交易已相当普遍，人们可以通过互联网将产品销售到世界各地。创业者创业离不开信息的收集，信息的来源有正式渠道和非正式渠道两种。报纸、电台和科技刊物、专利文献等是正式渠道，创业者可从中获得大量的经济、科技和市场信息，为创业提供服务。例如，某一企业花费了很多时间和费用研制了一种新的保温涂膜，结果查阅专利文献，美国早在20世纪50年代就申请了此项专利。因此，充分利用现有的信息可以少走弯路。

非正式渠道的信息收集对经验不足的创业者显得尤为重要，这里要强调的是，通过自身的考察收集信息。例如，观察周边社区的企业，了解他们在干什么、是怎么干的，从而利用别人较为成熟的、现成的经验作为创业的出发点，这尤其适用于某些具有区域性的行业，如投资额较小的快餐业的经营、社区服务项目以及医疗卫生行业中同级其他医院的专科经验等。这种信息是通过实地考察取得的，更为可靠和实用，成功的机会会更大。

此外，要善于观察和收集其他行业的信息。看起来似乎不相关的行业，但在市场、服务、资源、客户等方面仍有很多相通的地方。例如，服务行业门类很多，但服务的方式可相互借鉴。创业时要善于收集发达国家和地区的经验信息作为前车之鉴，可避免犯类似的错误，大到如城市规划、环保，小到一个企业的创建，都能使创业者受益匪浅。收集成功的实用信息，往往可为创业者找到一个立足点。因此，要善于在生活中寻找有用信息，这是创业者应当关心的问题。

1. 善于带着企业中的问题去收集信息

日本三浦工业公司原是一家生产精米机的小型企业，只有700名员工，可是它在日本680万家中小企业中脱颖而出，成为一家万众瞩目的著名工业公司。它在市场竞争中转产锅炉并战胜了日本锅炉专业生产大企业，占领了日本小型锅炉市场。当时，在日本锅炉行业中有许多大型企业，这些企业资金雄厚、技术先进而且已经占据了锅炉销售市场，小企业要跻身进去并占领它并非易事。三浦工业公司转产前，首先做了广泛的市场调查与周密的形势分析，于是决定从节能型小型锅炉着手。在此基础上，它又大量搜集有关小型锅炉的先进技术的信息，再对已掌握的各种信息进行综合、精选，最后投入生产。这些小型锅炉特别适合用户，产销对路，深受用户欢迎。另外，该公司还自行设计、制造了各种附属设备与之配套，生产出一组高效、自动、节能、无公害的锅炉。三浦工业公司的成功不能不归功于它善于带着企业的问题捕捉信息。

2. 善于从不同的渠道收集有用的信息

随着信息时代的到来，信息的收集、加工和利用越来越受到人们的重视。

创业活动也不例外，那些令人羡慕的创业精英往往都是信息收集的高手。

某铸锅厂原来主要生产农村烧柴草的大铁锅，随着农村生活水平的提高，使用电力和石油液化气做饭越来越普遍，农村烧柴草的土灶大铁锅逐渐被淘汰，大铁锅逐渐没有了市场，企业面临倒闭。一次偶然的机会，企业老板发现网络上某电磁炉厂求购电磁炉专用平底生铁锅的信息，他马上来了兴趣，立刻同该厂联系。经过一段时间的沟通，铸锅厂终于同电磁炉厂家达成协议，为该厂生产电磁炉配套的专用生铁平底锅。经过进一步开拓市场，该铸锅厂又与多家电磁炉生产厂达成生产配套铁锅的协议，铸锅厂也因此起死回生。可以说一条信息救活了一个厂。

要想成功创业，必须善于收集信息。信息收集可以通过多个渠道进行，要善于用眼睛、耳朵积极主动地多渠道收集信息，经常读书、看报、听新闻、上网、做客户调查等，同时要因人而异、因地制宜地使用手头的每一条信息。有时候单纯从一个角度出发收集的信息可能是片面的、不切实际的，而从多个渠道获取的信息可以互相验证，使所收集的信息准确无误。同时，要注意对所收集的信息进行记录和整理。当我们感到某些信息对市场、销售或资源整合有帮助时，就要把它们记录下来。"好记性不如烂笔头"，对获取的信息进行记录并加以整理，这样既便于查阅又不容易忘记，可使收集的信息发挥其应有的作用。

（二）紧盯目标市场行情

1.调查货源情况

对于创业者来说，货源情况是必须了解和考虑的重要因素。只有具备充足的货源，才能保持正常的运转，获取合理收益，收回投资；反之，则商业投资项目很难取得预期的收益。

对于商业投资者来说，不仅要树立"了解货源十分重要"的意识，还应掌握货源调查的基本内容。一般来说，商业投资前的货源调查主要包括本行业、本地区该种产品的生产经营状况和国际上的生产经营状况；新产品开发情况；商品的种类、质量、成本、数量、盈利等。投资者在开始行动前，只有将这些情况了如指掌，才能理智地做出分析和判断，以防"把票子扔在水里"。

2.需求调查

商业投资与其他领域投资的最大不同在于，除了少数批发企业外，绝大部分商业经营者都是直接与大众打交道的。因此，大众的需求状况，直接决定商业经营的好坏。没有需求的商业，不过是无源之水、无本之木，无法做到买卖兴隆。因此，投资者在决定某个商业项目之前，必须仔细研究项目建成之后的需求状况。对此，投资者必须慎之又慎。

（1）需求总量调查

投资前要了解预期顾客的需求。投资者可以采用连锁比率法进行测算。例如，投资者打算开设一家饮料店，首先应弄清预期顾客的总人数，其次要测算人均收入。

（2）需求结构调查

要了解顾客的购买力投向，主要根据居民收入水平进行分类，测算出每类居民的购买力投向。需求季节调查，主要是了解需求的季节性变化规律。需求动机调查，主要是了解顾客购买商品时的购买动机，是求名心理、求新心理、求廉心理，还是求实心理等。投资者只有掌握了预期顾客的购买动机，在投资项目建成后才能开展有效的经营。

（3）调查竞争状况

创业者必须充分了解准备投资于其中的某一行业的竞争对手的情况。这是创业者在开展投资活动前必不可少的一项准备工作。需要了解的情况包括竞争对手的数量、经营状况、劳动效率、优势和劣势、竞争策略以及潜在的竞争对手等。

投资前深入研究竞争状况，对商业投资者来说至关重要。投资者应详细调查在准备投资的地段有多少竞争对手，竞争态势如何。如乙方加入战局，会使竞争态势发生于己有利还是不利的变化，乙方对不利变化有无能力采取应对措施。"商场如战场，商情即战情"，这一点，创业者应牢记在心。

（4）价格预测调查

在创业者进行的调查活动中，价格是需要考虑的重要因素之一。价格水平的高低及其变动情况不仅对创业者投资项目的造价具有重要影响，而且对创业者投资项目投入经营后的经济效益具有十分重要的意义。

创业者在投资前从事的价格调查的内容不仅包括建筑材料价格变动及其趋势，还应包括计划经营的商品的价格变动及其趋势，通过对这些因素的分析，测算出价格变动对于拟投资项目总投资的影响程度，从而预先采取积极的应对措施，争取在剧烈的价格波动中始终占据主动地位。

（5）商品销路的预测

对于创业者来说，预测商品销路，是非常关键的一环，是投资前一项必不可少的准备工作。因为商品总是先买后卖，为卖而买的。商品销路如何，直接关系企业的经济效益。如果企业经营的商品销路不好甚至没有销路，则投入的资金别说增值，即使回收，其困难程度也是可想而知的。

四、大学生创业机会识别中存在的问题

目前，大学生网络创业已成为缓解就业压力的重要途径，但真正创业成功并发展壮大的并不多。由于欠缺必要的创业机会发现和识别能力，以及缺乏足够的市场运作经验和资金支持，大学生的网络创业状况并不乐观，具体表现如下。

（一）知识结构单一

创业机会的成功识别需要个体在创业前期对市场上各种繁杂的信息进行综合判断、全面权衡。而进行综合判断、全面权衡的前提就是创业者需要具备扎实的专业知识，形成比较系统的知识体系，即基础知识扎实、专业知识掌握灵活、横向知识丰富广博、工具知识准确熟练、方法知识科学高效。大学生在校期间若只重视专业知识，缺乏必要的营销、财务、法律、税收等横向知识和工具知识，就无法在复杂的市场信息中有效搜索有价值的信息，并对相关表象信息和知识进行深度梳理、评价和重构，从而产生新颖的、系统的创业构思。在创业机会评价阶段，大学生创业者如果知识结构不完善，就不能综合经济学、运筹学、统计与概论等多学科的知识，从机会的营利性、可行性以及所面临的风险等方面进行预测、评估，也就谈不上成功创业。很多大学生创业失败的案例说明，绝大多数学生在创业前未曾受过创业的相关培训与教育，创业知识储备严重不足，创业能力也不够，再加上他们缺乏一定的实践经验，导致他们创业失败。

（二）创业警觉性不足

创业警觉性反映了对尚未被发觉的机会的持续关注能力。创业警觉性能让创业者在前期的创业活动中对问题产生独到的见解，有助于他们敏锐地发现"稍纵即逝"的机会。大学生中具有较强的创业警觉性的创业者不多，相较于富有创业警觉性的创业者而言，绝大部分大学生创业者缺乏足够的市场风险感知能力、人际关系拓展能力、机会真伪分析能力等，这些"隐性知识"在学校课堂上是无法获得的，必须通过完善的知识体系和实战方能取得。然而很多大学生创业意识淡薄，导致他们在这方面准备不足，从而在面对同样的机会信息时，不会进行创业机会的前期识别和后期开发的机会评价，不能在较短的时间内思考问题并快速付诸行动，就无法形成独特的洞察力并做出正确的决策。

（三）人际网络薄弱

成功的创业除了需要创业者本人具有完善的知识储备外，还需要个体尝试探取多方资源并对其进行整合为己所用。良好的人际网络可以为创业者提供各种信息资源和资金支持，更好地促进其创业活动的开展。大学生创业机会识别能力的强弱，一方面受其在校期间建立的知识结构和实习、兼职时积累的创业经验的影响；另一方面与其在学习和工作生活中无意形成和有意培养的围绕个人社会关系产生的人际网络有关。完善的人际网络能为大学生创业者提供跨行业、多方位的信息交流渠道，使其能够获取多方面的创业信息和建议，并能为其提供坚定的情感支持。然而大学生的人际网络大都来自日常生活，主要通过专业学习、业余活动、社交聚会等建立。人际网络结构与个人偏好有密切关系，人际网络的建立与消散有很大的随意性。

五、培养大学生创业机会识别能力

创业机会识别能力就是指创业者采用种种手段来识别市场机会的能力，也就是创业者通过对创业信息的搜寻，辨别出潜在机会，并选择出适合的创业机会的能力，主要包括机会搜寻能力、机会识别能力及机会评价能力等。

在机会搜寻阶段，创业者的机会搜寻能力体现为通过对商业机会的挖掘，寻找并搜集外部事件、趋势和变化的信息以指导企业未来的行动。

机会识别是创业过程中的关键环节。在这个过程中，具备机会识别能力会帮助创业者将搜寻到的信息综合起来，做出是否具有潜在市场价值的判断。

在机会评价阶段，创业者要在机会识别阶段进行初步判断的基础上进行更加深入的投资可行性分析。具备机会评价能力可以帮助创业者系统地评估本企业的资源，并根据机会与本企业资源的匹配程度，进一步决定是否着手创业。

作为大学生，要想提高自身的创业机会识别能力，在将来创业过程中能更快地发现和把握创业机会，就要综合以上所学知识，结合自身在创业识别中存在的问题，着力提升自己的识别能力。

（一）学好知识，优化自身知识结构

相对于就业来说，创业对大学生的知识结构有更高的要求。首先，要学好专业课。有研究表明，创业者更愿意接触那些与自己所拥有的知识和信息相近的机会。大学生创业的主要优势在于具有较强的学习能力，这使大学生容易通过学习获得与自己所学专业相关的最新的专业知识，而先前在学校学习获得的知识与新知识的整合与积累，可以提高大学生识别创新机会的能力。其次，除了专业课程，还要对财务、金融、管理、市场营销以及与创业本身相关的其他知识有所了解。这要求大学生具备数据搜集、分析、评价的能力；同时，还要注重积极培养统摄、想象、概括、综合及辩证分析等能力，以便更好地进行联

想、类比或推演，从而能够整体把握创业过程所经历的各个阶段，在更高层次和水平上培养对创业机会的识别和评价能力。这些都有助于大学生更好地进行创业。

（二）重视交往，组建自己的社会网络

大学生要想成功创业，必须有丰富的创业信息来源渠道，这就需要大学生具备较强的社会交往能力，构建自己的社会网络。通过社会网络，大学生创业者会迅速接收社会环境变化的信号，从而为自己的创业提供正确的指导。社会网络的强度、密度、多样性等，都会对创业者识别创业机会产生重要的影响。社会网络不单是给创业者提供创业相关信息的渠道，同时也是创业者创业之后进行新产品开发和市场营销的社会资源。可见，社会网络对于大学生的创业有着重要的影响。这就要求大学生注重人际交往能力的培养，注重相关知识的学习，掌握人际沟通技巧，提高自身社交能力，尽快组建自己的社会网络。

（三）学习创业，提高自身的创业能力

大学生还应自觉地学习创业知识，提高自身对创业机会识别的敏感性。创业机会识别能力主要是一种认识能力，创业机会主要源于社会环境中技术、市场和政策的变化。大学生应该更加关注身边的变化，结合自己所学的专业发掘创业机会。比如，自觉阅读与行业相关的报纸杂志和网站，培养收集信息的能力；也可以经常参加相关专业技术前沿专题讲座、科技政策和产业政策报告会、相关产业界报告会等获取重点创业领域的信息等，以此来增强自身识别创业机会的能力。此外，大学生应该勇敢地把握创业机会，积极投身创业实践。由于大学生的创业项目往往具有规模小、风险低、与专业相结合等特点，导致大学生创业项目的资金、技术等门槛不高，同一个机会面临的竞争会很大，相应的创业机会的时间窗口比较短。如果投入太多的时间去考察、观察，等待时机更成熟，其结果可能就会错失良机。同时，市场机遇的出现和捕捉，离不开对市场信息的把握和处理。每个人对市场的了解不可能面面俱到，要多看、多听、多想，广泛获取信息，及时从他人的知识经验和想法中汲取有益的东西，从而增大发现机会的概率。发现创业机会的关键点是深入市场进行调研，要了解市场供求状况、变化趋势，考察顾客需求是否得到满足，注意观察竞争对手的长处与不足等。因此，大学生在准备创业的过程中，不要错过最佳创业时间窗，要学会正确把握最佳创业时机，勇敢地在一次次创业实践中磨炼自己，提高自己的创业能力。

（四）敢为人先，调整自己的创业心态

著名成功学大师拿破仑·希尔说："一切成功，一切财富，始于意念。"机会往往是被少数人抓住的，要克服从众心理和传统的习惯思维模式，用积极的心态去发现创业机会，才能发现和抓住被别人忽视或遗忘的机会。要以超前的意识把握机遇，要发扬敢闯敢试、敢为天下先的精神，只有这样才能及时认识和把握国际国内市场提供的良机。每一个想要创业的大学生，如果暂时还没有发现机会或抓住机会，就不要抱怨别人，怨天尤人，先想一想自己的态度是否积极，思想观念、思维方式是否正确。

六、创业机会评估

创业机会评估，其实就是要回答目标市场是否存在、有多大规模，以及作为主体的企业或创业者是否适合这个市场的问题。一般来说，创业机会评估的第一步，是对市场的了解和把握。对市场需求的分析和了解，可以确保创业者不陷入盲目的乐观情绪中，被虚幻的市场前景冲昏头脑。几乎九成以上的创业梦想最后都会落空，事实上，创业成功的概率不到1%，成功与失败之间，除了不可控的机遇因素，创业所需要具备的条件是否真实客观地存在，决定了创业项目是否可以成功。这就需要对创业机会进行客观的评估。

创业机会的评估，一般有以下几条衡量标准，包括产业和市场、资本和获利能力、竞争优势、管理班子等方面。这些都可以为创业者提供审视和评估创业机会的视角。

（一）产业和市场

1. 市场定位

一个好的创业机会，或一个具有较大潜力的企业，必然具有特定的市场定位，专注于满足特定客户的需要，同时也可能为顾客带来增值的效果，因此评估创业机会的时候，可以从以下四个方面着手：①市场定位是否明确，有没有做到别人不做的，我做，别人没有的，我有，别人做不到的，我做得到；②顾客需求分析是否清晰，是否从顾客需求或需求变化趋势着手，发现市场产品问题、缺陷，寻找市场进入机会；③顾客接触通道是否畅通，是否找到了与顾客沟通的途径和方法，能及时寻找和发现有价值的市场营销机会；④产品是否持续延伸，也就是说产品能否从深度和广度上不断拓展，产品是否能有效地进行各类组合等。从以上几个方面可以判断创业机会可能创造的市场价值，创业带

给顾客的价值越高，创业成功的机会也就越大。一般来说，回报时间如果超过三年，而且又是低附加值和低增值的产品或服务是缺乏吸引力的。

2. 市场结构

美国学者迈克尔·波特提出一种结构化的行业环境分析方法，即有五种基本力量决定了一个市场或细分市场长期的、内在的吸引力，较好地反映了新创企业的行业竞争因素。

针对创业机会的市场结构可以进行以下分析。①进入障碍。潜在竞争者进入细分市场，就会给行业增加新的生产能力，并且从中争取一定的重要资源和市场份额，形成新的竞争力量，降低市场吸引力。如果潜在竞争者进入行业的障碍较大，如规模经济的要求，或者购买者的转换成本太高，或者政府政策的限制等，潜在竞争者进入市场就比较困难。②供应商。如果企业的供应商能够提价或者降低产品和服务的质量，或者减少供应数量，那么企业所在的细分市场就没有吸引力。因此，与供应商建立良好的关系和开拓多种供货渠道，才是防御上策。③用户。如果某个细分市场中，用户的讨价还价能力很强或正在加强，他们便会设法压低价格，对产品或服务提出更多要求，并且使竞争者相互斗争，导致销售商的利润受到损失，所以要为用户提供无法拒绝的优质产品和服务。④替代性竞争产品的威胁。如果替代产品数量多，质量好，或者用户的转换成本低，用户对价格的敏感性强，那么替代性产品生产者对本行业的压力就大，行业吸引力就会降低。⑤市场内部竞争的激烈程度。如果某个细分市场已经有众多强大的竞争者，行业增长缓慢，或该市场处于稳定或衰退期，撤出市场的壁垒过高，转换成本高，产品差异性不大，竞争者投资很大，则创业企业要参与竞争，就必须付出高昂的代价。

由以上的市场结构分析，可以得知新企业未来在市场中的地位，以及可能遭遇竞争对手反击的程度。对新创企业来说，分析将要进入的市场具有一个怎样的市场结构，市场竞争是否激烈，对于创业具有重要意义。例如，在可以获得资源所有权、成本优势这些好处的市场中，即使存在竞争，其盈利的可能性也是相当大的。

3. 市场规模

市场规模大小与成长速度也是影响新企业成败的重要因素。一般而言，市场规模大者，进入障碍相对较低，市场竞争激烈程度也会下降。如果要进入的是一个成熟的市场，纵然市场规模很大，由于其已经不再成长，利润空间也必然很小，因此新企业就不值得再投入。反之，一个正在成长中的市场，通常也会是一个充满商机的市场，所谓水涨船高，只要进入时机正确，必然会有获利空间。一般来说，一个总销售额超过 1 亿美元的市场是有吸引力的，在这样一个市场上，占有大约 5% 的份额，甚至更少的份额，就可以获得很大的销售额，并且对竞争对手并不构成威胁，可以避免高度竞争下的低毛利和风险。

4. 市场渗透力

市场渗透力也就是增长率，对于一个具有大市场潜力的创业机会，市场渗透力评估将会是一项非常重要的影响因素。聪明的创业者知道选择在最佳时机进入市场，也就是市场需求正要大幅度增长之际，做好准备等着接单。

5. 市场占有率

在创业机会中预期可获得的市场占有率，可以显示新创企业未来的市场竞争力。一般而言，成为市场的领导者，最少要拥有 20% 以上的市场占有率。如果市场占有率低于 15%，那么这个新企业的市场竞争力不高，自然也会影响未来企业上市的价值。

6. 产品的成本结构

对于风险投资者来说，如果创业计划显示市场中只有少量产品出售，而产品单位成本都很高，那么销售成本较低的公司就很有可能获得市场机会。产品的成本结构，也可以反映新创企业的前景如何，例如，从物料与人工成本所占比重、变动成本与固定成本的比重，以及经济规模产量等方面，可以判断新创企业未来可能的获利空间。

（二）资本和获利能力

如果说市场机会评估只是创业机会评估工作的一个方面，并且很多因素难以量化，那么效益评估就是更为全面的价值评估，它需要对未来企业的收益情况进行量化评估。无论对于创业者还是投资者，这都是有益的参考依据。

1. 毛利

单位产品的毛利，是指单位销售价格减去所有直接、可变的单位成本。对于创业机会来说，高额和持久地获取毛利是十分重要的。

毛利率高的创业企业，相对风险较低，也比较容易取得损益平衡。反之，毛利率低的创业企业，相对风险则较高，遇到决策失误或市场产生较大变化的时候，企业很容易遭受损失。一般而言，理想的毛利率是 40%，当毛利率低于20% 时，这个创业机会就不值得考虑。

2. 税后利润

高而持久的毛利率通常转化为持久的税后利润。一般而言，具有吸引力的创业机会，至少需要创造 15% 以上的税后利润，如果创业预期的税后利润在 5%以下，就不是一个好的创业机会。

3. 损益平衡所需的时间

损益平衡所需的时间，也就是取得盈亏相抵和现金流量的时间。合理的时间是两年，但如果三年还没有达到，恐怕就不是一个值得投入的创业机会。不过有的创业机会确实需要经过比较长的耕耘时间，通过这些前期投入，创造进入障碍，保证后期的持续获利。比如，保险行业，前期仅注册资金就需要数亿元，而一般投资回报周期为 7 ～ 8 年，这样的行业一般来说不适合第一次创业者。在这种情况下，可以将前期的投入视为一种投资，这样才能容忍较长的损益平衡时间。

4. 投资回报率

考虑创业者可能面临的各种风险，合理的投资回报率应该在 25% 以上。一般而言，15% 以下的投资回报率是不值得考虑的。

5. 资本需求量

投资者一般会比较欢迎资本需求量较低的创业机会。事实上，多个案例显示，资本额过高其实并不利于创业成功，有时还会带来降低投资回报率的负面效果。通常，知识越密集的创业机会，对资金的需求量越低，投资回报反而会越高，因此在开始创业的时候，不要募集太多资金，最好通过盈余积累的方式创造资金。

6. 策略性价值

是否创造新创企业在市场上的策略性价值，也是一项重要的评价指标。一般而言，策略性价值与产业网络规模、利益机制、竞争程度密切相关，而创业机会对产业价值链所能创造的价值效果，也与它所采取的经营策略与经营模式密切相关。

7. 退出机制

所有投资的目的最终都是在于更大的回收。从某种意义上看，投入就是为了退出。因此，退出机制与策略就成为一项评估创业机会的重要指标。企业的价值一般也要由具有客观鉴价能力的交易市场决定。而这种交易机制的完善程度也会影响退出机制的弹性。由于退出的难度普遍大于进入，面对一个具有吸引力的创业机会，投资者应考虑退出机制以及退出的策略规划。

（三）竞争优势

1. 可变成本和固定成本

成本优势是竞争优势的主要来源之一。成本可分为可变成本和固定成本，也可分为生产成本、营销成本和销售成本等。较低的成本给企业带来较大的竞争优势，从而使相应的投资机会较有吸引力。一个星期，如果不能取得和维持一个低成本生产者的地位，它的预期寿命就会大大缩短。

2. 控制程度

如果能对价格、成本和销售渠道等实施较有力的控制，那么这样的机会就会比较有吸引力。这种控制的可能性与市场势力有关，例如，一个可以很好地控制原材料来源或者销售渠道的企业，即使在其他领域较为薄弱，它仍能够取得较大的市场优势。

3. 进入障碍

如果不能把其他竞争者阻挡在市场之外，新创企业就可能迅速死亡。这样的例子可以在硬盘驱动器制造业中发现。在 20 世纪 80 年代早期到中期的美国，该行业未建立进入市场的障碍，到了 1983 年年底，就有约 90 家硬盘驱动器公司成立，激烈的价格竞争，导致该行业出现剧烈的震荡。因此，如果一家企业不能阻止其他公司进入市场，或者它面临现有的进入市场的障碍，那么这个市场就没有吸引力。

（四）管理班子

企业管理队伍的强大，对于获得创业机会是非常重要的，这支队伍一般应该具有互补性的专业技能，以及在同样的技术、市场和服务领域有赚钱和赔钱的经验或教训。如果没有一个称职的管理班子，或者根本没有管理班子，这种机会就没有吸引力。

第三节　创业项目

一、创业项目的分类

不同的项目面对不同的市场客户群体，需要不同的创业资源和不同的技能与经验。因此，项目分类对于自主创业具有更为现实的参考意义。这里初步归纳出以下几类。

（一）资源类项目

资源类项目要求拥有大多数人不具备的资源。这些资源可以是自然资源，也可以是人事关系资源。一般来说，作为自主创业的项目，拥有垄断性自然资源的可能性非常小，拥有人事关系资源的可能性比较大，但必须注意这种资源的非持久性，以及变更可能带来的巨大风险。

（二）制造类项目

适合自主创业的制造类项目大致可以分为三类。

①配套制造。此类项目属于某个整机（整体）制造项目的一部分，无须考虑全局，也无须有很好的创新技术，只需把负责加工的零（部）件做到性价比最好。由于环节简单，此类项目不需要复杂的管理流程。从事此类生产经营活动的企业常见于江浙一带，尤其是温州和台州。但此类制造项目需要一个良好的外部整体产业环境。

②技术制造。此类项目要拥有自主创新的技术，或者拥有某种技术优势，能够制造出大多数人无法制造的产品或服务。北京由于科技优势明显，此类技术制造企业较为多见，尤其是中关村地区的信息技术企业。

③改良制造。此类项目需要创造性思维，需要企业具备善于捕捉现有产品不足的能力，并通过自己的努力改良原有产品。此类制造一般必须具备能够降低成本或提高利润的能力。

需要注意的是，制造类项目由于需要专业生产工具，产出品也以硬件为主，因此一旦进入，今后受整个产业环境的影响较大，受产业技术进步的影响也较大，业务调整的灵活度较小。

（三）技术创新类项目

技术创新类项目涉及范围相当广泛，品种繁多。按国家有关标准分类，主要有四大类。

①技术开发类项目。如果选该类项目，就要突出关键技术或者系统集成的创新性。此类项目对行业技术进步和产业结构有优化升级的作用，对于自主创业者来说，有很多可以选择的项目。

②社会公益类项目。如果选该类项目，就要突出关键技术或者系统集成的创新性，有推广的应用价值、社会效益以及对科技发展和社会进步的推动意义。

该类项目包括标准、计量、科技信息、科技档案等科学技术基础性工作；环境保护、医疗卫生、自然资源调查和合理利用、自然灾害监测预报和防治等社会公益性科学技术项目，对于自主创业者来说，也可有一定的选择空间。

③国家安全类项目。如果选择该类项目，就要突出关键技术，以及包括在军队建设、国防科研、国家安全及相关活动中产生，有对推进国防现代化建设、增强国防实力和保障国家安全具有重要意义的科学技术成果。

④重大工程类项目。如果选择该类项目，就要突出团结协作、联合攻关。重大工程类项目包括有良好的经济效益或者社会效益，以及对经济建设、社会发展和国家安全具有战略意义的项目。具体来说，此类项目是指列入国民经济和社会发展计划的重大综合性基本建设工程、科学技术工程和国防工程等。其中，综合性是指需要跨学科、跨专业进行协作研究、联合开发，并对经济建设、社会发展具有战略意义，对国家科技实力、国防实力的整体提高产生重要影响。

在项目选择的过程中，除一般的服务行业外，选择项目最好接近行业与技术及其服务的前瞻发展趋势。

二、创业项目选择及评估

（一）创业行业选择

从理论上说，制约大学生行业选择的因素主要分为外在因素和内在因素。外因主要包括该行业的发展前景和潜力，具体为利润率、风险性以及创新性竞争的激烈程度，政府对这个行业的政策扶持力度等。内因则是大学生自身的因素，包括他们所学的专业、自身的兴趣爱好、自身的特长、资金的多少等。

创业者进行行业选择时，可以从以下几个方面进行评估。

1. 行业发展的前景

当今时代，在选择创业行业的时候，要认识到，选择创业行业，不能只注重行业现在的发展情况，还要根据该行业现在的发展势头、政府的相应政策、世界经济的发展趋势、高科技技术发展的速度、该行业自身的特点，以及经营模式等一系列外在因素去综合考虑这个行业在未来世界发展潮流中所占据的位置。换句话说，就是要关注这个行业发展的前景。

2. 行业利润率

一般的创业者在行业选择的初期，都会把绝大多数的注意力放在备选行业的利润率上。当然，追求利润本身就是创业者最初创业的目标，但是在一些高利润率行业，如通信类和生物制药类，由于进入的门槛过高，有较高的科技含量的要求，对于经营的场地和启动资金都有严格的要求，这对于一个刚刚毕业的大学生创业者来说是不小的挑战。所以，大学生创业者，在创业的初期，对于利润率要有一个比较理性的认识，不要把追求利润率的高低作为衡量行业优劣的标准。简而言之，在进行行业选择的时候，利润率是一个需要考虑的必要因素，但不是唯一的因素。

3. 启动资金

一般来说，资金是创业者在创业活动中遇到的最大障碍，也是制约他们进行行业选择的主要因素。一些具有极高的科技含量和发展潜力的项目就是因为资金的制约，缺乏相应的投资而搁浅。创业者应根据自己的资金状况来选择相应的行业，尽量使自己在未来的发展中可以处于行业的较高水平，获得高额利润。

4. 竞争程度

创业者在进行行业选择时，应考虑所选行业的竞争程度。研究表明，现在很少有创业者会抓住行业的空白进行创业。如果所选的行业比较传统，行业的竞争度就比较高，竞争度的高低决定企业未来在行业中的发展水平。

5. 兴趣和爱好

众所周知，兴趣是最好的老师，爱好是不竭的动力。创业者在创业时，如果能结合自己的兴趣爱好，通过创业的方式，让自己的爱好转变为现实的职业，将有助于创业的成功。如果一个创业者是基于自身的兴趣爱好来选择创业的行业的，那么他对于整个行业的了解，对于该行业顾客的心理需求，就会有很好的把握，在顾客服务方面就会有优势，能够将心比心，凭借细致入微的服务，获得顾客的认同，从而为创业成功打下良好的基础。

6. 自身的优势

很多大学生在创业的时候，希望能够结合自己大学所学的专业知识，因为知识和技能水平高，是大学生创业群体最显著的特征。知识和技能对于经济发展和社会进步的推动作用是巨大的。知识和技能是起支配作用的生产要素。缺乏知识和技能，就在很大程度上失去了核心竞争力和生存空间。大学生接受过系统的高等教育，积累了诸如语言表达、写作、管理等技能，以及大量的金融、会计、营销等专业知识，是社会中的精英，这为大学生创业搭建了更广阔的平台。

（二）创业项目选择

所有的创业行为都要落实在一个个具体的创业项目上。创业项目的寻找和选择至关重要，在探寻创业项目时要舍得花工夫。

1. 基于解决别人的困难，选定创业项目

别人的困难往往就是创业成功的机会。企业通过为他人提供有益的服务、为他人解决工作和生活中的困难，可以获得正当合法的盈利。比如，北大方正公司创始人王选先生正是因为发明了激光照排系统，为印刷业解决了实际困难，一举成功。也有人针对大城市中的三口之家，夫妻两人上班，经常为接送孩子上下学以及吃饭的问题发愁这一现实困难，开办了晚托班服务项目。

2. 分析已有商品存在的问题，选定创业项目

市场上销售的商品总会存在这样或者那样的问题，有的样式呆板，有的颜色单一，有的在功能和性能方面不够完善，有的在结构方面不够合理等。创业者经过调查分析，针对这些商品存在的问题进行改进、完善、提高，以此作为创业项目，往往成功率很高。比如，美国迪士尼乐园的创始人迪士尼，就是针对当时市场上卡通影片存在的问题，通过改进技术创业的。

3. 透视热销商品背后隐藏的商机，选定创业项目

可以以热销商品为导向，认真分析热销商品背后隐藏的商机，再选定创业项目进行经营。例如，当看到市场上鸡蛋热销时，可以分析预测鸡蛋热销背后隐藏的商机：一种商机是马上会兴起养鸡热，随之而来的第二种商机也会出现，就是鸡饲料将会供不应求。因此，既不去卖鸡蛋，也不去养鸡，而是跳过这两个阶段去生产鸡饲料，这样，当养鸡热兴起后，自然就会财源滚滚。

4. 基于市场供求差异分析，选定创业项目

从宏观上看，任何产品或服务的市场需求总量和市场供给总量之间往往都会存在一定的差距。通过调查分析，若发现哪个产品或服务的市场供给不足，就可以从中找到创业机会，选定创业项目。市场需求不仅是多样化的，而且是不断变化的，因此，即使有市场工具，结构也会出现不平衡，这样就会有需求空间存在。创业者通过分析供求结构差异，可以从中发现创业机会，确立创业项目。

5. 利用市场细分，选定创业项目

所谓市场细分，就是根据整体市场上顾客需求的差异性，以影响顾客需求和欲望的某些因素为依据，把某种商品的整体市场划分为若干个消费者群的一种市场分类方法。通过市场细分划分出的每一个消费者群，就是一个子市场，每个子市场都是由具有相同或类似需求倾向的消费者构成的群体。因此，属于同一子市场的消费者，对同一商品的需求极为相似，分属不同子市场的消费者对同一商品的需求则存在着明显的差异。进行科学的市场细分，有利于发现市场机会，选定目标市场，确定创业项目。

（三）创业项目的评估

1. 市场评估

准确的市场评估是选好创业项目的前提。较大的市场容量及稳定的增长速度，可以为创业企业带来商机，相反也可能限制创业企业的灵活性与发展空间。创业项目的市场分析主要包括三个部分，即行业环境分析、目标市场分析和竞争对手分析。行业环境分析的方法，主要有行业专家访谈法和二手资料分析法。行业专家访谈法的对象包括行业协会、政府主管部门、大学和研究所的专家、竞争对手的雇员、客户所在单位的专家等。二手资料分析法中二手资料的来源包括专业网站、综合经济网、专业报刊、行业协会报告、专利数据库、中央及省级政府部门行业发展计划、专业展览会、专业研讨会等。

分析目标市场首先必须确定市场细分的标准。如果是个人消费者，一般的标准有年龄、性别、家庭人数、收入、地理位置等。如果是单位客户，一般的细分标准有行业、地址、销售额、利润、员工数量、主要产品、现有供应商、购买决策者、需求数量等。制定调查问卷之前，可结合行业研究状况，试访几个潜在客户，以便使问卷更具可信度。

分析竞争对手，既有助于创业者摸清对手的情况，又能使创业者从中学习竞争对手的长处，从而提高新建企业的竞争能力。分析竞争对手不但要了解现有多少竞争对手，提供什么样的同类产品，销售额是多少，还要确切地了解对手的产品、研发能力和技术储备、目标市场及其经营策略、目前的盈利状况和潜力、核心竞争力、技术人员和管理人员、生产设备和生产能力、供货商的情况、成功或失败的根本原因、采取的战略、销售渠道及销售系统、主要客户及对他们的产品和服务的评价、客户的忠诚度等。

2. 产品与技术评价

评价产品的创新程度，主要考察新产品相对于原有产品的创新情况，看其功能是否有所完善，性能是否有所改善，是否能更好地满足用户的需求。评价产品的独特性，主要看新产品是否具有独一无二的特点，市场上是否存在同类产品以及是否难以仿制。

评价技术的可靠性，体现在核心技术的成熟性、技术整体的配套性和技术的风险性三个方面。核心技术的成熟性，主要是看技术效果的稳定性和产品的均一性，以及核心技术是否经过工业性试验。技术整体的配套性，主要是看一项工业生产中所用的所有技术是否配套，如果所有的技术都很先进，但是在共同使用过程中却不配套，这样的技术组合就是失败的。技术的风险性是指由于新思想与新技术本身的先天不足（技术不成熟或不完善）以及可替代的新技术出现的时间短等多种因素带来的风险的大小，此外，还包括制造技术和使用技术的不确定性所带来的风险的大小。

3. 财务评价

项目未来财务状况的预测主要通过对项目的未来收益进行预测，看项目是否能够给投资者带来高额回报，其重点是项目的预期收益。投资回报的预测主要根据创业投资项目的特点，选择和确定能够正确反映项目风险的贴现率，建立合理的现金流量模型，并用这一贴现率计算项目的投资收益、净现值、投资回收期、投资回报率等。

考虑到新事业开发可能面临的各项风险，合理的投资回报率应在25%以上。一般而言，15%以下的投资回报率，将不是一个值得考虑的新事业机会。通常，越是知识密集的新事业机会，对于资金的需求量越低，投资回报率反而越高。毛利率高的新事业机会，相对风险较低，也比较容易实现损益平衡，反之，毛利率低的新事业机会，风险则较高，遇到决策失误或市场产生较大变化的时候，企业就会容易遭受损失。一般而言，理想的毛利率是40%，当毛利率低于20%的时候，这个新事业机会就不值得考虑。

4. 风险评估

在对创业投资项目进行风险评估时，需将定性分析与定量分析结合起来，通过系统而充分的考虑，定性分析出与项目有关的各种不确定因素，确定这些不确定因素的概率分布，并在不同条件下，定量地分析出与项目有关的各种因素在发生变化时，对项目投资效果所产生的影响。

风险评估主要有以下几点。

①评价技术和产品的风险。重点分析核心技术的含金量有多少，是否具有完全的自主知识产权，技术和产品的持续发展能力如何。

②评价创业团队的风险。企业是否拥有优秀的企业家，已经成为企业经营成功与否的关键。应重点分析企业家的素质、核心技术人员的稳定性、团队与企业利益的关联度以及管理的开放性等。

③重点分析企业的无形资产价值、核心资产价值、资本增长倍数与回报率，即投资回报风险。

④注重对政策环境、人文环境等风险因素的分析。

5. 致命的缺点

致命的缺点，一般会因创业项目的内涵与创业者的风险承担能力而有所差异。如果发现以下六点致命瑕疵之一，则创业者要十分谨慎。因为该创业项目极有可能面临失败的后果。

①创业团队缺乏相关产业经验与企业管理能力。

②该创业项目不具备明显的市场竞争优势。

③创业项目的市场机会不明显，市场规模不大或实现盈利遥遥无期。

④运营创业项目的资源能力有限，无法达到具有竞争优势的经济规模。

⑤看不到创业项目能够获得显著利润的机会，包括毛利率、投资报酬率、损益平衡时间等指标。

⑥不具备市场控制能力，关键资源与渠道均掌握在他人手里。

三、项目选择过程

大学生创业，不仅需要勇气，更需要踏踏实实地进行市场调研。只有掌握第一手市场信息，提供满足顾客需要的服务和产品，才是一个有前途的项目。

在选择创业项目时要考虑行业的发展前景和社会影响力，选择的行业要有比较完善的管理制度和经济策略，还要从创业项目中获得经营管理的专业技能与知识。

（一）参与高校大学生创业教育

大学生创业者可以充分发挥学校平台的优势，通过自主学习、专题讨论、小组学习、小组辩论等方式完善自身的创业知识结构。另外，学校应将大学生创业理论教学与实践课程相结合，通过模拟创业、与有创业经历的导师交流、模拟竞赛、创建创业基地等方式，可以提高大学生创业者的素质和创业能力。大学生创业者通过创业教育，提高甄别创业项目的能力。

要集众人的力量发现拟定创业项目中存在的问题，通过发现问题、解决问题这一过程的不断重复，完善创业项目。如果在研讨过程中发现拟定创业项目有不可克服的困难，要毫不犹豫地放弃。要保留创业教育体系内脱颖而出的拟定创业项目，进行下一步的筛选。

（二）参与大学生"创业计划大赛"

"创业计划大赛"是一种选择创业项目的成功模式。参赛大学生要就某一项有市场前景的新产品或服务撰写创业可行性报告，并由学术界和企业名流当评委，选出优胜者。大学生通过参与"创业计划大赛"，可以全面地学习创业所应具备的知识和技能。拟定创业项目可由低到高参与各级别的"创业计划大赛"，在参与"创业计划大赛"中让更多的人，尤其是权威的专业人士对拟定创业项目进行评估。权威的专业人员大多是成功创业或成功投资的企业，他们熟悉整个创业过程，克服了创业过程各个环节出现的问题，并最终使创业企业步入正轨，获得了企业运营的第一手知识。专业人士以其丰富的创业经验，可以给创业项目提出中肯的意见。通过参加"创业计划大赛"，得到专业人士认可的创业项目更有前景，实施后成功的可能性更高。借助这个平台，大学生可以向风险投资家展现自己项目的巨大市场前景，赢得创业资金，还可以结识商界和法律界人士，为创业建立良好的环境。

（三）参与企业交流

企业直接面对市场，对市场信息非常敏感，因此与企业交流，通常可以为拟定的创业项目提供更直观的评价，更直接的指导。一般来说，企业选择资助的创业项目关注的是以下三点。第一，创业项目的前瞻性，要看得远，不能只看它两三年后会怎么样，而要看到三五年后怎么样。第二，创业项目要有壁垒，如有许可证壁垒、技术壁垒等。第三，创业项目有可复制性，可以复制到任何地方，能够做大。

四、适合大学生的创业项目

（一）餐饮

餐饮是创业者创业最常用的项目之一，其发展潜力很大。随着我国人民收入水平的提高，居民外出就餐越来越频繁，对餐饮的要求也越来越高，不仅追求食物的美味，而且也越来越看重就餐环境。开一家口味独特，环境优雅的餐馆，是许多创业者的创业理想。

究竟怎样在餐饮业大显身手呢？可从以下方面考虑。

选择合适的地点开一家风味独特的餐馆，以口味吸引顾客。例如，现在众多的川菜馆、湘菜馆等。

发展风味小吃，组织来货来料、生产、加工一条龙服务，和麦当劳快餐业一样，实行定点、定时、定效服务；以便利取胜，供应上班族所需要的各种快餐、早点，以及所需要的各种小食品、方便食品等；采取预订、送货上门、发就餐卡等形式吸引单位客户。

可发展小吃店的服务中心。组织一个服务公司，进行专业化服务，与众多的小吃点签订协议，定时定量发送发酵好了的面，或者特制的面团、面皮、面条等，可供给做小吃特别需要的配料，专门为小饭店提供洗好的菜、切洗好的各式菜样。

餐饮创业项目因餐馆的规模、定位不同，所需的创业资金也有较大的区别。另外，在管理上，餐饮项目也有较高的要求，要有较高的管理水平。

（二）特种产品加工

特种产品加工业通过开发或创造特殊产品，以满足他人的某种特殊需要。这类行业在时下是有利可图的，因为从事这一行业凭借的是大学生的特殊才能或爱好，充分利用好这一特殊性，往往会拥有得天独厚的优势，即使在充满竞争的市场大潮中，竞争对手也很少甚至根本没有，我们便会在多变的市场中站得较稳。个人特制产品主要包括各种定制字画、定制徽章、礼品篮、箱包、定制特种皮鞋和打制带有个人标记的首饰，以及一些小发明制品等。此类项目要求创业者具有一定的特殊技艺。由于特种产品的样式、面料都很考究，做工也要细之又细，所以非要内行人从业不可。大学生可结合自身专业特长，或利用较强的学习能力参加相关培训，掌握相关技能。从事此行业制作的产品，因为做工精细和手工操作，会收到高额报酬。

（三）日常生活服务

由于日常生活服务业涉及人们生活的方方面面，对从业人员的要求也显得参差不齐。但总的来说，从事这类服务不需要太高的专业技术。比如：若从事理发，最基本的应有一定的理发技巧；若经营某类商品的专卖店，就必须对此类商品有基本认识和了解，并较准确地掌握行情；若经营书报摊，就得对书市有个大致的把握；等等。这类服务行业由于专业技术性要求不高，加之大多是一些小行当，所以不论从时间，还是资金以及获利上，都吸引了大量从业者。日常生活服务业的从业人员虽然很多，但因社会需要量也大，因而也是增加收入和充实生活的一种愉快行业。

（四）信息服务

信息服务业是从事信息资源开发和利用的重要产业部门。从理论上说，凡对信息进行采集、传输、加工、存储、检索、显示和利用的人类活动，都是信息服务活动。这类信息服务活动一旦由于社会分工的发展而独立成为新行业时，信息服务业就出现了。传统信息服务业，如图书馆业、档案业、新闻出版业、广播电视业、广告业、电信业、科技情报和社科情报业等，近年来的发展是空前的。人们的知识正以指数形式增长。现代信息服务业，如数据库业、软件业、预测业、系统集成（信息系统建设）业、网络服务业，以及新型咨询业（以计算机应用为基础的咨询业）等，更是从无到有，不断壮大。大学生可以充分利用互联网和自己的搜集信息、处理信息的能力在这一领域大显身手。

第四节　创业模式选择

经过深入细致的市场分析和市场调查之后，创业者一般就把创业的项目确定了下来，这时候就要选择合适的创业模式。创业模式主要包括创办新企业、收购现有企业、特许经营、代理或经销、内部创业等。

（一）创办新企业

创业的典型模式是创立新企业，将创意发展为高成长性企业。一旦完成新企业工商注册，真正创办自己的企业时，创业的发令枪就已经打响。

与其他形式的创业模式相比，创办新企业所面临的工作要更多些。创办新企业要经过工商注册登记，首先要考虑企业形式问题。你所创办的企业，究竟是一家什么样的企业？是独立经营，还是合伙经营，抑或还有其他的什么形式？这几种形式各有什么优点和缺点？在你现有的资金情况和目标的约束之下，究竟哪一种企业形式更适合你？另外，你要给企业取名，选择合适的地址，组建管理团队，筹集注册资金，办理税务登记等。

创办自己的企业，白手起家，其面临的风险虽然相对来说大些，但拥有自己企业的成就感也是其他创业模式所无法相比的。

（二）收购现有企业

1. 收购的几种形式

自主创业，有时候不必从零做起，可以通过收购一家正在运营的企业来完成。该企业可以是赢利的，也可以是不赢利的。

选择收购一家目前赢利的企业，则应该关心准备收购的这家企业的持续赢利能力，以及与该企业赢利记录具有紧密联系的购买出价。对一家赢利企业的价值进行评估的方法，一般是基于过去三年的利润和今年的折扣现值（使用现值表），设想今后三年的利润。这种方法意味着期望三年内回收投资。

也可以选择收购一家目前运营不好的企业。选择目前亏损的企业具有很大的风险，但是与风险相对应，如果做得成功，可能获得更好的回报。但选择目前亏损企业的前提是，相信自己拥有发现被市场低估的价值的能力，并且相信自己可以通过知识和智慧将其做成功。

在某些情况下，也可能希望收购一家企业，随后迅速转手卖掉。在这些情况下，能否成功将取决于你对企业价值的鉴别能力。此时要特别关心资产负债表中透露出的清算方面的信息，然后，或者进行清理并进行清算销售，或者从中抽取某些业务单元并以此为基础创建新的企业。

大多数人会使用上述诸方法的某种组合进行买卖协议的谈判。谈判中的出价，取决于这些资产对你来说所意味的价值。除了资产价值之外，还要对存货按其成本大小（而不是零售价格）和流通性购买。可将存货划分成死货、滞销存货、易销存货三类。不应为他人的错误（如死货）而付款。对于滞销存货只按其成本的50%出价，而对易销存货，也只按接近其成本出价购买。

需要注意的是，当你购买一个现成企业时，事实上是在假设准备接手承担该企业对现有客户的责任。

2. 收购的步骤

（1）在收购前，要考虑以下问题

①能收购和运营什么样的现有企业？

②对什么类型的企业感兴趣？

③喜欢运营什么类型的企业？

④基于以前的经验，能运行什么企业？能否获得收购企业所需的资金支持？

（2）寻找可以收购的企业

在收购中，要学会发现一家企业的价值，要特别注意原来的企业拥有者出售企业的原因。可由以下渠道去寻找可以收购的企业。

①通过各种媒体，广泛注意相关广告。

②参加感兴趣的领域的展览会。

③访问感兴趣的企业，观察他们的运营情况。

④联系有关专业中介机构（如产权交易所），看是否有出售企业的信息。

（3）分析收购的可能性

对想要收购并运营的企业，关注其业主是否想退休或由于其他原因如感到厌倦、合伙人争端等原因要出售这家企业。

（4）发现企业价值

认真分析收购企业目前的运营状态以及存在的问题，并评估。通过你的智慧、知识以及经历，确认可以使其成功的可能性。对于那些处于夕阳产业中的企业（如铅字排版印刷机业务），要加以小心识别。

（5）充分调查论证

向你有意收购的企业的潜在客户进行调查，了解并确定他们对产品的需求。在开始企业收购谈判之前，充分征求行业专家和律师的意见。

（三）特许经营

特许经营是指特许者将自己所拥有的商标、商号、产品、专利（专有）技术和经营模式等以合同的形式授予被特许者使用，被特许者按合同规定，在特许者统一的业务模式下从事经营活动，并向特许经营者支付相应费用的一种营销模式。

特许经营对被特许者（受许人，也称加盟者）的益处：①分享品牌，大大缩短了加盟者的投入期；②分享经营管理经验，提高专业服务的能力和水平；③有了使投资收益最大化的机会，整个加盟机构体系的大批量订购将在价格上得到好处；④可以得到特许人持续不断的协助，提高了创业的成功率。

特许经营对特许人的益处表现在以下几个方面。①分担了特许人的财政风险。由于开设的每一家特许经营的分店都是由加盟者（受许人）提供资金的，因此特许人的投资风险将降得更低。②促进了特许人的事业发展。加盟者（受许人）以自己的资金投入特许加盟，等于特许人充分地运用别人的资金来发展自己的事业，扩大了影响，促进了事业的整体发展。③提高了特许人的资金利用率，能以更快的速度发展业务而不受通常的资金的限制，以最低限度的再投资就能在分店获得高回报。④增强了特许人的整体竞争力，使特许人可以集中资源。

购买特许经营权包含购买权利和支持系统，以使自己拥有并运营由别人设计出来的企业。这是建立企业常用的方法之一。通常情况下，特许经营网络基于在某个初始地点建立起来的成功企业，然后在另一地点进行连锁扩张。每个地点都使用同样的公司名称、运营系统、采购程序、管理系统，共享统一广告宣传的好处。每个特许经营点都获得不同级别和类型的特许支持。

1. 特许经营加盟的步骤

①阅读有关特许经营的出版物，了解连锁或特许经营的优点与缺点，选准行业。

②用以下方法锁定你想探索的特许经营类型：阅读报纸、杂志和网络媒体的广告以及特许经营交易期刊；加入特许经营交易协会，参加特许经营交易展览会；观察其他地点的特许经营店的情况。

③对于所感兴趣的特许经营业务，进行对连锁特许商的企业品牌与知名度的准确评估，慎选加盟店总部。

④考察盟主，进行特许经营资质审查。索要并审查其备案资料，以确定其合法性。

⑤考察连锁特许商的发展。一般来说，处于探索阶段的店数为几个；处于成长阶段的店数为十几个乃至几十个；成熟阶段为几十个乃至上百个。连锁特许商发展越成熟，参与投资者所承担的风险就会越低。

⑥与一些已经加入特许经营的商户交谈。或力求到其中一个特许经营店工作一段时间，以了解其直营店或加盟店经营状况是否良好，包括是否具备完善的企业经营管理组织结构，完善的物流配送系统，整体的营运管理与督导体系，先进、科学和标准化的生产质量支持体系；了解其特征、市场情况，包括是否有较突出的特色和较高的技术工艺含量，是否有较大的市场空间和较好的社会口碑，是否有较长的传播历史和较丰富的文化内涵，是否有良好的经济效益和较大的社会影响等。

⑦当选择了最感兴趣的特许经营业务后，确认潜在的客户并与之交谈，了解他们对产品或服务的需求。

⑧审查加盟契约和加盟手册。加盟契约是规定特许商与加盟店的关系以及加盟权利义务的法律文件，也是特许经营业务发展形式的基础。而加盟手册则是加盟店日常经营的纲领性指导文件。参与加盟者可从以下方面加以判断：公平性、合理性、合法性、费用承受性、地域性限制、时效性、可操作性等。

2. 特许经营加盟应注意的问题

在加盟特许经营过程中，应特别注意避免以下几个特许加盟的"陷阱"。

（1）只要交钱就同意加盟

《商业特许经营管理条例》要求特许方向申请人提供真实、准确的有关特许经营的基本信息资料，包括特许人的名称、住所、注册资本、经营范围、从事特许经营的年限等基本情况。因此，加盟者必须亲自对项目方总部和其现有的加盟店进行实地考察，搜集资料，不能草率缴纳加盟费或定金。一般有实力的加盟总部为了要求商品与服务品质的标准化，对加盟者的资格都有严格的审核程序。

（2）以特许为名销售设备

《商业特许经营管理条例》对特许经营下了定义：通过签订合同，被特许人将有权使用特许人的商标、商号、经营模式等经营资源。按照合同约定在统一经营体系下从事经营活动，并向特许人支付特许经营费，不再包括产品、设备、技术、专利等。要考察特许者是否在变相销售设备。

（3）以特许样板店为加盟托

《商业特许经营管理条例》规定特许人在中国境内拥有至少两家经营一年以上的直营店或者由其子公司、控股公司建立的直营店。加盟创业者在做出加盟决策前，最好自己随意选择几家加盟店了解情况，而不是去参观指定的加盟店。

（4）夸大宣传投资回报率

《商业特许经营管理条例》要求特许人在宣传、促销、出售特许经营权时，内容应当准确、真实、合法。加盟创业者要根据经验，仔细核算，切勿轻信。

（5）警惕合同陷阱

《商业特许经营管理条例》已对合同条款进行了详细规定，涉及特许经营权的内容、期限、地点等十四项内容，更好地保护当事人的权益。注意，有很多特许加盟授权时承诺全部收购加盟方的产品，此时应小心授权方以后有可能会以产品不符合要求为由拒收，甚至是可能没有用有资格的主体和自己签订协议。因此，创业者在选择加盟时，需要仔细推敲合同条款。

（四）代理或经销

对于一般人来说，要研发、生产自己独有的产品并不是一件容易的事，如果你感兴趣的是做市场而不是生产，创业也可以通过销售别人的产品来实现，主要包括代销和经销两种方式。成为别人产品的代理商或者经销商，也是一种应用比较广泛的创业模式。

经销商是指从其他企业进货，他们买货不是自己用，而是转手卖出去，对于他们只是经过手，再销售而已，他们关注的是利差，而不是实际的价格。企业对他们不是赊销，而是收到了钱的。

代理商是和经销商截然不同的概念。代理是代企业打理生意，不是买断企业的产品，而是厂家给额度的一种经营行为，货物的所有权属于厂家，而不是商家。他们同样不是自己用产品，而是代企业转手卖出去。所以代理商一般是指赚取企业代理佣金的人。

代理的利润来源有代理折扣或佣金，经销的利润来源主要是商品的价差。成为代理商或者经销商牵涉到签署销售产品或服务的合同。要成为一名代理商或经销商，主要通过以下几个步骤。

①确认你相信可以直接销售给消费者或公司的产品或服务。

②寻找需要有人对其产品或服务进行直接销售的生产商。

③阅读寻求代理或经销的广告。

④与生产商联系，阅读贸易出版物，参加贸易展览会，寻找在本地没有销售的产品或服务。

⑤与生产商谈判，协商代理或经销条件。

⑥签署代理或经销协议。

（五）内部创业

内部创业是由一些有创业意向的企业员工发起，在企业的支持下承担企业内部某些业务内容或工作项目进行创业，并与企业分享成果的创业模式。这种激励方式不仅可以满足员工的创业欲望，同时也能激发企业的活力，改善内部分配机制，是一种员工和企业双赢的管理制度。

内部创业虽是一种新型的创业模式，但其由于独特的优势受到越来越多创业者和企业的关注。内部创业是一个很好的机制，但并非十全十美。内部创业的受众面有限，只有那些大型企业的优秀员工才有机会一试身手。而且，创业行为同时受创业者和企业的牵制，要想创业成功，需要两方面共同努力。

①对于有意尝试内部创业模式的企业来说，要有强大的资源支持。公司需要从利润中抽出一部分资金作为基金，用于资助那些具有可行性创业方案的员工，帮助其进行内部创业。除了资金支持外，企业在资源、机制上也要给予百分之百的支持。企业的支持是员工内部创业成功最关键的因素。

企业应该建立一个宽松的内部创业平台，为有潜质的员工尽可能多地提供发展机会，鼓励其去独立开拓某一领域，而非管头管脚。当然，虽然企业要提供宽松的创业环境，但也不能对此不闻不问，需要通过一些"遥控"措施来关心和指导员工创业。例如，企业投资的创业项目要与企业保持直接业务关系；企业要占有创业企业的一部分股份等，从而把员工的创业行为掌握在可控范围之内。

②对于创业员工来说，内部创业要经过周密的前期准备。员工内部创业的

前提条件是知己知彼。一方面，要摸清企业的"底细"，了解公司是否具有一套完善的内部创业机制、能否给予创业员工各种支持、企业对创业失败的态度等问题；另一方面，要掂清自己的"分量"，看看是否具备了创业实力、创业计划是否具有可操作性、创业项目的市场前景是否乐观等。

要合理地选择项目。任何一种创业方式都存在风险，内部创业虽然省去了自筹资金的烦恼，但在项目的选择、制度的建立、心态的调整等方面，都是考验创业者的一道道难题。特别是创业项目的选择，更是决定创业成功的关键因素。一般来说，创业公司的业务与母公司业务的关联性越大，就越容易成功，因此不要有"兔子不吃窝边草"的想法。

要组建优秀的创业团队。在提倡合作的时代背景下，内部创业者除了具有创意以外，还必须是一名优秀的领导人，能在企业内部吸引所需的专业人才，共同组成创业团队，并同心协力，使创业团队能够安然度过最艰辛的创业初期。

第五章　创业风险

第一节　创业风险概述

一、风险的含义

（一）风险的概念

风险是指引致损失的事件发生的一种可能性，是在特定环境中和特定的时期内导致经济损失的不确定性，即不确定性引起风险。假如企业是航行在大海中的船，那么风可能就是风险。风险就是偏离理想结果出现不利的可能性。

风险大小本质上取决于不良事件发生的概率和发生后果对主体带来损失的严重程度。

（二）风险因素、风险事故与风险损失

风险与风险因素、风险事故和风险损失紧密结合在一起，它们构成了风险衡量的基本条件。

风险因素是指促使或引起风险事故发生的条件，以及风险事故发生时，致使损失增加或扩大的条件。由此可以明确，风险因素就是风险事故发生的前提，是带来损失的内在原因。例如：生产安全性和工作强度对生产事故来说是风险因素；营销人员的业务素质和责任心对货款损失而言是风险因素；企业财务链的安全性是企业破产的风险因素；等等。根据风险因素产生的载体性质不同，风险因素又分为实质风险因素、道德风险因素和心理风险因素三种。实质风险因素是风险事故发生的概率增大或损失严重程度扩大的物质条件，通常是有形的因素；道德风险因素是指与人的不正当低劣社会行为相联系的一种无形的风险因素；心理风险因素是与道德风险因素截然不同的另一类风险因

素，它强调由于人的主观疏忽或过失而导致风险事故发生机会增加或损失程度的扩大。

风险事故又称作风险事件，是指导致损失的直接或外在的原因表现。比如，工厂发生自然灾害、创业者突发疾病或死亡、生产机械故障等都是风险事故。

风险损失是指非故意、非计划、非预期的经济价值减少的事实。这种损失，强调以货币计量的，对国家、企业或个人带来的经济效益的减少；其次强调损失的发生是非故意、非计划和非预期的。换句话说，这种损失，是谁也不想在现实生活中期望发生的。

二、创业风险的含义

（一）创业风险的概念

任何行业都潜伏着风险。大学生创业过程都不是一帆风顺的，都会面临多种概率或高或低、损失或大或小的风险。因此，有创业，就不可避免会遭遇风险。

所谓创业风险，就是创业过程中存在的风险，是由于创业环境的不确定性，创业机会与创业企业的复杂性，创业者、创业团队与创业投资者的能力与实力的有限性，而导致创业活动偏离预期目标的可能性及其后果。创业风险是创业环节中各种不确定性因素共同作用而致使创业企业蒙受损失的主要原因。创业风险发生的主体是创业企业，尤其是大学生创业风险，受大学生经验、市场、管理、心理等影响波动更大，创业风险的威胁很大；引起风险发生的因素则是多种不可预知的外部条件变化或者创业企业内部管理决策失误等不确定因素。

创业风险是一个非常宽泛的概念，它贯穿于大学生创业过程的每个环节、每个方面。在企业生命周期理论中，企业初创期往往需要 2～3 年的时间，这个阶段是企业整个成长过程的孕育期。这一时期的企业的主要特点是可塑性强、初期投入大，是企业发展的基础阶段，也是企业最难熬的一段时间。一方面，一切都要从头开始，逐渐步入正轨；另一方面，企业为了实现后期的加速发展，也需要不断开拓市场，更新产品和服务，保证企业的可持续发展。企业最初建设成什么样子主要取决于创业者的实力、经验、技能、发展目标以及市场策略等因素。企业生命周期理论表明，创业企业在孕育过程中，产品方向、工艺水平、企业选址、建设规模等的选择余地都很大，如果各个方面工作基础扎实，企业发育期会大大缩短，能快速成长并顺利发展，否则可能造成先天不足，甚至崩溃。此期间，一切风险因素导致的不良事件的发生都可以归结为创业风险。

创业风险是指给创业者的公司财产与潜在获利机会带来损失的可能性。这里所说的公司财产，既包括那些具有实际物理形态的库存或设备等，又包括公司的人力资源、技术和声誉等其他因素。

（二）创业风险与创业陷阱的区别

风险是指引致损失的事件发生的一种可能性。陷阱则是比喻陷害人的圈套。对于创业风险是可以通过技术手段来解决的，但创业陷阱却需要依靠市场经验来规避。

从性质上来看，创业陷阱比创业风险更可怕。创业风险基本上是在有准备的情况下出现的合理情况，而创业陷阱却是噩梦般的随机现象。

创业者只有能分清楚创业风险和创业陷阱的关系，才能够让自己更清醒地做到规避风险和改进工作思路，降低创业失败率。

创业风险主要是指财务风险、机会风险、市场时机、项目可行性等。

创业陷阱主要是指信息不对称、商业欺诈、伪机会等。

三、创业风险的分类

（一）按风险来源的主客观性划分

按风险来源的主客观性划分，创业风险可分为主观创业风险和客观创业风险。

主观创业风险是指在创业阶段，由于创业者的身体与心理素质等主观方面的因素导致创业失败的可能性。客观创业风险是指在创业阶段，由于客观因素导致创业失败的可能性，如市场的变动、政策的变化、竞争对手的出现、创业资金缺乏等。

（二）按创业风险的内容划分

按创业风险的内容划分，创业风险可分为技术风险、市场风险、政治风险、管理风险、生产风险和经济风险。

技术风险是指由于技术方面的因素及其变化的不确定性而导致创业失败的可能性。市场风险是指由于市场情况的不确定性导致创业者或创业企业损失的可能性。政治风险又称为国家风险，是因政治原因或订约双方所不能控制的原因，导致创业者或创业企业蒙受损失的可能性，如由于战争、国际关系变化或有关国家政权更迭、政策改变而发生的风险。管理风险是指因创业企业管理不善产生的损失的可能性。生产风险是指创业企业提供的产品或服务从小批试制到大批生产而产生的损失的可能性。经济风险是指由于宏观经济环境发生大幅度波动或调整而使创业者或创业投资者蒙受损失的可能性。

（三）按风险对所投入资金的影响程度划分

按风险对所投入资金（即创业投资）的影响程度划分，创业风险可分为安全性风险、收益性风险和流动性风险。

创业投资的投资方包括专业投资者与投入自有财产的创业者。安全性风险是指从创业投资的安全性角度来看，不仅预期实际收益有损失的可能，而且专业投资者与创业者自身投入的其他财产也可能蒙受损失，即投资方的财产存在损失的可能性。收益性风险是指创业投资的投资方的资本和其他财产不会蒙受损失，但预期实际收益有损失的可能性。流动性风险是指投资方的资本、其他财产以及预期实际收益不会蒙受损失，但资金有可能不能按期转移或支付，造成资金运营的停滞，使投资方蒙受损失的可能性。

（四）按创业过程划分

按创业过程划分，创业风险可分为机会的识别与评估风险、准备与撰写创业计划风险、确定并获取创业资源风险和新创企业管理风险。创业活动须经历一定的过程，一般而言，可将创业过程分为四个阶段，即识别与评估机会，准备与撰写创业计划，确定并获取创业资源，新创企业管理。

识别与评估机会风险是指在机会的识别与评估过程中，由于各种主客观因素，如信息获取量不足，把握不准确或推理偏误等使创业一开始就面临方向错误的风险。另外，机会风险，即由于创业而放弃了原有的职业所面临的机会成本风险，也是该阶段存在的风险之一。准备与撰写创业计划风险是指由创业计划的准备与撰写过程带来的风险。创业计划往往是创业投资者决定是否投资的依据，因此创业计划是否合适将对具体的创业产生影响。制订创业计划的过程中各种不确定性因素与制订者自身能力的限制，也会给创业活动带来风险。确定并获取创业资源风险是指由于存在资源缺口，无法获得所需的关键资源，或即使可获得，但获得的成本较高，从而给创业活动带来一定风险。新创企业管理风险，主要包括管理方式、企业文化的选取与创建，发展战略的制定、组织、营销等各方面的管理中存在的风险。

（五）按创业与市场和技术的关系划分

按创业与市场和技术的关系划分，创业风险可分为改良型风险、杠杆型风险、跨越型风险和激进型风险。

改良型风险是指利用现有的市场、现有的技术进行创业所存在的风险。这种创业风险最低，但经济回报有限，即风险虽低，但要想生存和发展，获取较高的经济回报也比较困难。一方面会遭遇已有市场竞争者的排斥或进入壁垒的限制；另一方面即便进入，想要占有一定的市场份额非常困难。杠杆型风险是指利用新的市场、现有的技术进行创业存在的风险。该风险稍高，常见于挖掘未开辟的市场。如彩电行业，利用原有技术进入农村市场。跨越型风险是指利用现有市场、新的技术进行创业存在的风险。该风险较高，主要体现在创新技术的应用方面，往往反映了技术的替代，是一种较常见的情况，常见于企业的二次创业，领先者可获得一定的竞争优势，但模仿者很快就会跟上。激进型风险是指利用新的市场、新的技术进行创业存在的风险。该风险最大，如果市场很大，可能会带来巨大的机会，对于第一个行动者而言，其优势在于竞争风险较低，但是知识产权保护力度不大，市场需求不确定，确定产品性能有很大的风险。

（六）按创业中技术因素、市场因素与管理因素的关系划分

按创业中技术因素、市场因素与管理因素的关系划分，创业风险可分为技术风险、市场风险和代理风险。

其中，技术风险和市场风险在前面已提到，这里就不再赘述。代理风险是指高级经营管理人才、组织结构以及生产管理等能否适应创业的快速增长或战胜创业企业危机阶段的动态不确定性因素的风险。这三类风险相互作用，使创业企业运作的各个层面上的诸多因素的不确定性更加复杂，并且在创业企业不同的发展阶段上，各因素的风险性质也将产生一定的变化。

四、创业风险的特征

（一）风险的主要特征

①风险的客观性。风险是客观存在的，它是不以人的意志为转移的，有的风险是没有办法回避或者说没有办法消除的。

②风险的损害性。风险与人们的利益密切相关，损害是风险发生的后果，凡是风险都会给人们的利益造成损害。

③风险的不确定性。风险的不确定性表现在空间、时间、损失程度的不确定性三个方面。

④风险的可测定性。就个别单位来说，风险基本上是一种随机事件。对于

风险而言，一定时期内特定风险发生的频率和损失率，是可以依据概率论原理加以正确测定的。因此通过对现实环境因素的观察，是可以加以预测的。

⑤风险的可控性。风险是在特定的条件下，不确定事件的一种表现，当条件改变时，引起风险事件的后果也就可能改变。因此，控制了引发风险的条件，风险也将得以控制。

（二）创业风险的主要特征

创业风险主要具有如下几个特点。

①创业风险的客观性。在创业过程中，由于内外部创业环境发展的变化和不确定性是客观存在的，因而风险也是客观存在的。要求创业者必须采取正确的态度辨识并积极对待创业风险。

②创业风险的不确定性。创业的过程就是将创业者的某一个"点子"或技术变为现实的产品或服务的过程。在这一过程中，创业者会面临各种挑战和不确定事件，比如，可能遭受竞争对手的排挤、新市场开拓的不确定、技术转化有难度、员工的频繁流动等，各种因素不断变化且难以预知，就造成了创业风险的不确定性。

③创业风险的损益双重性。创业风险狭义的概念仅考察风险损失，但是风险同时隐含着高额的创业收益。如果能正确认识且充分利用创业风险，反而会使企业从风险中受益，给企业利润带来很大幅度的增加。做到这一点，除了要求创业者大胆果断，更重要的是风险管理科学到位，提前做到"信息畅通，运筹于帷幄"。

④创业风险的相关性。它是指创业过程中企业面临的各种风险是与创业行为及决策紧密相连的。同一风险事件对不同的创业者会产生不同的风险。即使对同一创业者，由于采取的风险策略不同，也会出现不同的风险结果，损益发生额甚至会大相径庭。

⑤创业风险的可变性。当创业企业的内外部条件发生变化时，必然会引起创业风险随之改变或转移。这种转变性包括创业风险性质的变化、创业风险结果的变化以及创业风险的消失或衍生三个方面。

⑥创业风险的可测性与模糊性。可测性是指创业风险是可测量的，即通过科学的定性或定量分析方法对风险发生概率及其风险损益额度进行估计。但是由于风险管理本身也具有风险，市场、产品、投资等各渠道的信息滞后性使创业风险产生的实际结果常常会出现一定的偏离，使这种可测只能界定在一定的误差区间。

五、创业风险的识别

（一）风险管理

风险管理是指人们对各种风险的认识、控制和处理的主动行为。它要求人们研究风险发生和变化的规律，估算风险对经济活动可能造成损害的程度，并选择有效的手段，有计划、有目的地处理风险，以期用最小的成本代价，获得最大的安全保障。

通过实施风险管理可以规避和降低风险，使潜在的风险最小。风险管理的重要性具体体现在：企业有限的资金可以得到更有效的使用；企业获取更有利的竞争地位；利于企业管理规范化。

（二）风险识别

在机会风险中，一些是可以预测的，一些是不可预测的。创业者需要结合对机会风险的估计，努力防范和降低风险。风险识别的具体方法主要有以下几种。

①业务流程法。以业务流程图的方式，将企业从原材料采购直至送到顾客手中的全部业务经营过程划分为若干环节，每一环节再配以更为详尽的作业流程图，据此确定每一环节，并进行重点预防和处置。

②咨询法。以一定的代价委托咨询公司或保险代理人进行风险调查和识别，并提出风险管理方案，供经营决策参考。

③现场观察法。通过直接观察企业的各种生产经营设施和具体业务活动，具体了解和掌握企业面临的各种风险。

④财务报表法。通过分析资产负债表、损益表和现金流量表等报表中的每一个会计科目，确定某一特定企业在何种情况下会有什么样的潜在损失及其成因。由于每个企业的经营活动最终要涉及商品和资金，所以这种方法比较直观、客观和准确。

六、创业风险的研究意义

我国当今大学生创业的普遍心态是自以为有想法就渴望马上能够实现并带来巨大的收益，对创业给予很高的期望值。国外许多大学生白手起家，艰难创业，最终成为超级富豪的例子，强烈地刺激和诱导着他们，有的人意气用事、莽撞行事，其结果人们可想而知。风险的魅力在于会带来较高的风险报酬，即风险价值。人们之所以追求高风险，是为了获取冒风险而得到的超额收益。也正因为有风险的存在，才使人类活动这么丰富多彩而富有神秘感，也诱使一批批爱好挑战的创业者投身于创业大潮，去发掘属于自己的那一块黄金地。在高度发达的市场经济社会，每天都会出现大量的企业，同时也有数不清的企业在关闭。信息是关乎企业成败的关键因素之一，只有尽可能提前了解，事中监控，事后总结，将未知信息降至最低，才可能在市场争得一席之地。研究创业风险，将风险发生的来源和作用机理进行系统的梳理，可以为创业者，尤其是大学生创业者提供风险管理的思路，为他们建立一套有效的风险管理机制。

第二节　创业风险的成因

一、创业风险的来源

（一）缺口理论

研究表明，由于创业的过程往往是将其某一构想或技术转化为具体的产品或服务的过程，在这一过程中，存在着几个基本的、相互联系的缺口。在一定的宏观条件下，创业风险往往就直接来源于这些缺口。

①融资缺口。融资缺口存在于学术支持和商业支持之间，是研究基金和投资基金之间存在的断层。研究基金通常来自个人、政府机构或公司研究机构，它既支持概念的创建，又支持概念可行性的最初证实。投资基金则将概念转化为有市场的产品原型（这种产品原型有令人满意的性能，对其生产成本有足够的了解并且能够识别其是否有足够的市场）。创业者可以证明其构想的可行性，但往往没有足够的资金将其实现商品化，从而给创业带来一定的风险。

②研究缺口。研究缺口主要存在于仅凭个人兴趣所做的研究判断和基于市场潜力的商业判断之间。当一个创业者最初证明一个特定的科学突破或技术突破可能成为商业产品基础时，他仅仅停留在自己满意的论证程度上。然而，在将预想的产品真正转化为商品（大量生产的产品）的过程中，在能从市场竞争中生存下来的过程中，需要大量复杂而且可能耗资巨大的研究工作，从而形成创业风险。

③信息和信任缺口。信息和信任缺口存在于技术专家和管理者（投资者）之间。也就是说，在创业中，存在两种不同类型的人：一是技术专家；二是管理者（投资者）。这两种人接受不同的教育，对创业有不同的预期、信息来源和表达方式。技术专家知道哪些内容在科学上是有趣的，哪些内容在技术层上

是可行的，哪些内容根本就是无法实现的。在失败类案例中，技术专家要承担的风险一般表现在学术上、声誉上以及金钱上的零回报。管理者（投资者）通常比较了解将新产品引进市场的程序，但当涉及具体项目的技术部分时，他们不得不相信技术专家，可以说管理者（投资者）是在拿别人的钱冒险。如果技术专家和管理者（投资者）不能充分信任对方，或者不能够进行有效的交流，那么这一缺口将会变得更大，带来更大的风险。

④资源缺口。资源与创业者之间的关系就如颜料、画笔与艺术家之间的关系。没有了颜料和画笔，艺术家即使有了构思也无从实现。创业也是如此，即所谓"巧妇难为无米之炊"。没有所需的资源，创业者将一筹莫展，创业也就无从谈起。在大多数情况下，创业者不一定也不可能拥有所需的全部资源，这就形成了资源缺口。如果创业者没有能力弥补相应的资源缺口，要么创业无法起步，要么在创业时受制于人。

⑤管理缺口。管理缺口是指创业者并不一定是出色的企业家，不一定具备出色的管理才能。进行创业活动主要有两种：一是创业者利用某一新技术进行创业，他可能是技术方面的专业人才，但却不一定具备专业的管理才能，从而形成管理缺口；二是创业者往往有某种"奇思妙想"，可能是新的商业点子，但在战略规划上不具备出色的才能，或不擅长管理具体的事务，从而形成管理缺口。

（二）矛盾理论

创业者在面对一个具体的投资项目的时候，事实上面临着三个矛盾，创业风险也就来自这里。

①演习与实战的矛盾。在创业初期所做的事情都具有探索的性质，这时产生了一个矛盾：本来属于探索的对象，却当成了确定的对象，本来属于实验的内容，却当成了真实的内容来做。这是用实战的方式进行事实上的演习，用演习的本事去应对真刀真枪的实战。

②能力与实践的矛盾。获得创业能力的唯一途径是实践，而创业者通常是在没有实践经验的情况下开始实践的，这便产生了创业投资的能力与创业投资实践的矛盾。矛盾决定了能力的获得与能力的应用同步进行，在尚不具备能力的情况下驾驭、操作一个项目。

③功能创造与功能决定的矛盾。不论是提供物质还是服务产品，都是提供一种效用给消费者。创业者是功能的创造者，而功能的有效与否取决于功能使用者的货币选票。

矛盾就这样产生了，功能的制造者不是功能的决定者，这个矛盾是市场未知性的表现。

二、大学生创业风险出现的原因

关于大学生创业已不是一个新话题，如今创业浪潮兴起，创业正迎来前所未有的大好时机，新型商业模式层出不穷，融资渠道多元化，政府也出台了众多扶持政策，这些对于有心创业的大学生是一个很好的契机。在创业的道路上，可以先想再做，可以边想边做，也可以做了再想，但绝对不可以只想不做。大多数学生在全球金融危机的影响下，不敢轻易迈出创业的第一步。有关统计也表明，自创企业在一年内失败的比例高达50%。对于高校学生创业来说，这个比例更高。那么应该怎么面对创业的风险并有效防范呢？大学生创业遇到风险的原因主要有以下几点。

（一）经验缺乏，资源不足

大学生的年龄、阅历、心理等与有社会经验的人相比处于劣势。创业本身是一个复杂的系统工程，市场不会因为创业者是学生就网开一面，在单纯的校园环境中成长起来的大学生，在面对社会和市场时，比有社会经验的人更容易困惑和迷茫。

大学生创业的资源相对来说也是不足的，大学生创业很多起始于好的创意，但是大多数学生都缺乏创业必备的技术资源、资金资源、人才资源、社会关系资源等。没有技术：很多大学生创业从事的都是服务性产业，技术门槛较低，竞争激烈，创业更容易失败。缺乏资金："巧妇难为无米之炊"，再好的创新技术也难以转化为现实的生产力。没有人才资源：无法把好的创意落实为实施方案，把实施方案执行下去。一个企业能够正常运行，不仅要有好的项目、资金保证，还必须有一批高素质的企业管理者。这批管理者不能仅仅在书本上学过企业管理和经营的知识，更重要的是要投身企业管理的实践。大学生有理想与抱负，但"眼高手低"，对具体的市场开拓缺乏相关的经验与知识，在这种情况下大学生创业就会遇到各种不可预见的问题，以致创业困难。

（二）纸上谈兵，缺乏对市场的了解

缺乏对市场的了解是目前大学生创业中普遍存在的问题，不少大学生创业者缺乏对其产品或项目做市场调查的意识，而只是进行理想化的推断。例如，有个大学生在估算防盗手机链的销售量时这样算：目前使用手机的人群大概有2亿，就算有1%的人群购买产品，每件产品只赚1元，也有100万元的利润。

这种推断方法看起来很保守，其实压根站不住脚，如果产品设计针对性不强，目标人群定位不准，有再多手机用户，也不能说明你的产品会有市场，这样的推断只能起着误导作用。大学生在创业初期一定要做好市场调研，一些可行性研究也可委托专业机构进行，在了解市场的基础上创业，才能长久。

（三）盲目扩张

盲目扩张包括企业规模扩张、经营领域扩张、项目扩张等。当创业者初尝甜头后，往往急于求成，想更快地收回成本创造赢利，从而盲目扩张，造成企业不能与自身能力、市场需求相协调，这样是极其危险的，稍不注意就可能血本无归。

（四）承受挫折的能力不足

很多创业的大学生没有经历过挫折与失败，所以抗挫折能力较差，加上对创业一厢情愿，没有做好迎接困难、面对挑战的心理准备，当遇到问题时，很容易心灰意冷、停滞不前，这是从心态上来讲的。另外，从创业成本上讲，很多创业的大学生对昂贵的高风险创业费用的承受能力也是有限的。

（五）管理风险

科学地管理企业应该是一个合伙企业存活的关键。大学生创业初期的合作伙伴往往是亲朋挚友，由于知识单一，又缺乏实践经验，往往出现决策随意、信息不通、理念不清、患得患失、用人不当、忽视创新、急功近利、盲目跟风、意志薄弱等现象。加上对合作伙伴的完全信任及交情，而忽略了企业管理的重要性，长此以往，导致企业的管理混乱不堪，最后企业的存活也就越来越艰难。

第三节　创业风险的规避策略

一、人力资源风险的规避

创业企业的人力资源风险是指在企业初创和成长期间，由人力资源而导致的经营结果与经营目标相偏离的潜在可能性。在市场经济条件下，竞争越来越激烈，人才流动普遍呈现趋高性，即所谓趋向高权利、高职位、高待遇等因素。基于以上的动因，企业相对应也就面临人力资源风险问题。创业企业人力资源风险主要表现在以下几个方面。

（一）招聘风险

招聘是人力资源管理的第一环节，是与绩效考评并齐的世界性管理难题。原因如下。①寻找人才的源头难，即在什么地方、用什么方式找到所需要的优秀人才。②吸引人才难。有时条件与待遇并不能吸引好的人才。③识别人才难。种种难题下面是无穷无尽的风险，选择不当，企业需要对新员工花费更多的培训费用和时间；或新聘员工能力不足，可培养性差；或使用价值小，人力成本高于人力产出。

招聘风险所产生的原因：①员工道德素质低引起的风险；②人力资源选择失误造成的风险；③激励约束机制缺乏造成的风险。

（二）关键员工流失风险

关键员工流失将会对企业产生不利影响，原因如下。①关键员工一般熟悉企业的主营业务，了解企业的客户资源，掌握核心技术和商业机密，这些员工流失会使企业的有形资产和无形资产遭受损失，会削弱企业的核心竞争力。②企业需要追加招聘成本、培训费用以及寻求新客户所需的成本。③关键员工流失导致企业关键岗位的空缺，而新员工也需要一段时间适应工作环境，这会影响到企业的正常运转和发展的连续性。

关键员工流失的原因如下。①内部原因。由于契约的不完备性，员工个人目标与组织整体目标不一致而产生矛盾，员工在企业中受到不公平的待遇或企业无法提供足够的发展空间，都将引起他们的不满意而导致离职。②外部原因。关键员工往往是知识与能力的拥有者，他们有为其资本寻求高利润的流动愿望。一旦外界提供了更好的发展机遇，关键员工便通过比较机会成本的大小最终选择离开。

对于防范关键员工流失，可以从以下几个方面入手：①识别关键员工流失风险；②用培训和开发来激励关键员工；③契约约束。

（三）创业团队风险

许多人认为创业是自己一个人的事业，其实这正是许多创业公司倒闭的重要原因之一。因为创业需要很多方面的知识，凭借一个人的能力是无法掌握的；创业也会遇到很多的问题，这些问题也会使我们身心疲惫，使我们没有精力去关注公司的战略问题。创业初期待遇较差，这样很难调动员工的积极性。出于缺乏构建一个组织的经验，创业者往往会面临下面的风险：①用于内部沟通的时间越来越长，但沟通效果却越来越差；②构建的组织不是一个分工合作的协作体系。

团队是指一些才能互补、团结合作并为负有共同责任的统一目标和标准而奉献的一群人。团队不仅仅强调个人的工作成果，更强调团队的整体业绩，团队的核心是共同奉献，这种共同奉献需要一个所有成员能够为之信服的目标。只有切实可行而又具有挑战意义的目标，才能激发团队成员的积极性，从而为工作注入无穷无尽的能量。团队的精髓是共同承诺，共同承诺就是共同承担集体责任。没有这一承诺，团队如同一盘散沙。因此，在创业过程中应注意以下问题。

①员工是企业创造财富的第一资源。企业的竞争，实际上是人才（优秀员工）的竞争。

②员工是创业者的合作者。不能把员工看作工具，如果把员工看作一个"工具"，那完全是错误的。员工是企业的财富，是创业者的合作者。

③不善待员工等于自杀，即使员工因为某种原因而离开企业，还是要"善待"员工，不要把犯了错误或因某种原因离开公司的员工当作敌人。没有一个企业没有隐私，没有一个企业没有问题，在对待某些"问题"员工时，应该妥善处理，否则，引发的后果可能不堪设想。

二、市场营销风险的规避

营销工作是企业和外界对接的关键过程，在当今竞争激烈的市场环境下，营销往往成为企业能否成功的决定性因素。著名管理大师彼得·德鲁克认为，创业者选择一个"产品"或"服务"，一定要熟悉这个行业和市场，要根据市场需求提供服务，这就需要创业者对行业和市场有足够的了解。所谓市场营销风险，是指由于新创企业制定并实施的营销策略与其营销环境（包括微观环境和宏观环境）的发展变化不协调，从而导致营销策略难以顺利实施、目标市场缩小或消失、产品难以顺利售出、赢利目标无法实现。

（一）建立市场监测及策略调整机制

当老板是每个人的梦想，但无处不在的创业投资风险又令很多人望而却步。多年从事创业投资指导的北京凡想人创业咨询服务有限公司总经理陈丰指出："只有切实做到独立调研和考察，才能真正有效地降低创业投资的风险。"陈丰表示，在创业投资者失败案例中，80%的人在选项目时都是仅凭自己所谓的感觉。对于一些刚刚毕业的大学生不考虑市场状况、自身条件等情况，单凭"感觉"和"爱好"选择创业项目，这可能成为其创业成功路上最大的绊脚石。"你听说过哪个项目方说自己的项目不好吗？选项者一定要理性对待项目方的单方陈述。"这是陈丰对创业者提出的第二个忠告。不论项目方如何描述项目有多么好，创业投资者都不能当时就下决心从事。因为很多的"圈钱"型项目就是靠着创业投资者脑袋发热才得逞的。加强市场营销环境的调查研究，是市场营销风险控制的根本性措施。创业者必须深入市场，进行调查研究。通过市场的调研活动，掌握相关的信息，包括顾客需求信息、竞争者信息、国家宏观经济及相应的政策信息、国际政治与经济形势以及其他信息。企业的营销活动，必须在充分掌握了相关信息资料的基础上才能顺利展开。选择一个项目，首先要看它的市场竞争在什么地方；其次要进入细分市场，实行差异化、个性化、专业化的经营；最后要坚持商品质量与服务质量第一，坚持顾客第一。

（二）与强者联合，规避市场风险

与强者联合，可以为创业者创造一种好的创业氛围，使创业者获得来自外部社会力量的支持和帮助，形成一个良好的创业发展的外部环境。有人有项目，有人有资金，有人有技术，有人有社会资源等，每一个成员都会拥有一定的资源，这些资源如果能够在整个联盟的范围内进行组合分配，那么它所产生的效果将是巨大的。通过与强者联合创业，可以促进层次更高、范围更广的沟通与合作，从而降低创业的风险。比如，加盟连锁，与强者联合，就可有效地规避市场风险。

（三）建立危机处理机制，完善公关工作

美国危机管理学会的调查报告显示：因产品或服务引发的纠纷，进而对企业提起"消费者集体诉讼"的案件，已经位列美国企业危机的榜首。在危机爆发和演变的过程中，涉及的利益相关人，往往以媒体作为博弈的场所，在此互相角力。企业在采取补救措施之前，要尽快将掌握的信息如实地公布出去，这是永远都不会错的决定。因为，人们早晚总会知道事情的真相。而后面的补救措施，正需要一个真诚的、解决问题的态度作为前提。很多企业危机之所以出现失控的局面，主要原因就是，对于危机出现了"信息真空"。

危机信息的缺失，不仅使错误的或者不恰当的信息迅速填补企业利益相关者和公众的头脑。最要命的是，企业危机处理者本身的沉默传递的是一种消极的态度。而为了掌握主动权，危机的处理者要时刻保持主动沟通的意识。当第一时间不能迅速公开全部信息时，要尽可能地提供相关背景信息。一方面，能迅速以合作而不是防卫的态度，获得媒体和公众的初步认同；另一方面，前期的背景信息，不仅可以为后期全面披露信息争取时间，而且也有利于媒体更全方位地理解危机的性质，从而避免以偏概全的现象出现。

（四）打造个性化的市场

个性化的市场，才是现代社会市场的一个最突出的特点。在大众化消费时代，一个企业为一群消费者服务；在个性化消费时代，一位消费者有一群企业在为他服务。在竞争日益激烈的市场上，谁的产品最能满足消费者的需要，谁就最终赢得市场。而个性化营销是消费者根据自己的个性需求自行设计，改进出来的产品，是消费者最满意的产品。如海尔提出了"您来设计我来实现"的新口号，由消费者向海尔提出自己对家电产品的需求模式，包括性能、款式、色彩、大小等，产品更具适应性，更有竞争力，也就牢牢占据市场霸主地位。

三、财务和技术风险的规避

（一）财务风险的规避

制约大学生创业的一个重要门槛是资金问题。大学毕业生刚走上工作岗位，自己不可能有多少资金积累，所以只能依靠亲戚朋友的支持。而对于不少家庭，特别是农村贫困家庭来说，供子女上大学就已经是勉为其难了，又何谈拿钱供他们创业？因而，大学生创业的大部分资金就只能依靠银行贷款，但银行贷款也是要看对象的，一个刚走向社会的大学生，信用拿什么保证？所以，要创业的大学生，筹资相当难。据媒体调查，大学生创业者中，65.3%的人认为在创业资金短缺时向银行贷款有困难，有些机构专门为下岗失业人员创业设立了小额创业贷款，手续简便、门槛低，但专为大学生创业提供小额贷款的机构极少。

由于风险的产生来自未来的不可预测性，所以想要做到完全的规避风险是不可能的。但应该针对可以预知的部分，合理规划创业资金，以起到积极规避的作用。

如何面对创业企业的财务风险呢？创业企业理财是围绕资金运动展开的。资金运动作为企业生产经营主要过程和主要方面的综合表现，具有最大的综合性。而掌握了资金运动，犹如牵住了企业生产经营的"牛鼻子"，"牵一发而动全身"。《科学投资》通过对创业者的深入研究发现，在创业理财过程中，要求创业者不但具备良好的理财心态，还必须具备四大观念：创业理财不是成功企业的专利；创业理财重在规划，别让"等有了钱再说"误了你的"钱程"；没人是天生的高手，能力来自学习和实践经验的积累；不要奢求一朝一夕致富，别把鸡蛋全放在一个篮子里。

1. 学会稳妥地筹资

作为一个创业者，自己应该积累足够的资本以后才去创业，倘若没有资本积累就去创业，像很多地方注册的空壳公司，除有董事长、总经理头衔外，口袋里空空的是很危险的，也是无法生存的。此外，创业时通过借贷筹措一定的资金是很正常的，但是借贷来的资金需要预先做好归还计划，否则将直接影响到创业过程。因为债务融资要求创业者不仅需要归还本金，而且要按事先约定的利率支付利息。分散风险是创业理财的第一法则，慎选创业投资项目，并能机动地调整才能降低风险。

此外，作为一个创业者，注册公司的资金与经营规模应该尽可能地匹配。比如，你有 5 万元，但是注册了 50 万元的经营公司。这样的公司一开始就是营养不良的，这样的公司能成长吗？

2. 切忌盲目地扩张

资金如同企业的粮食，要保证企业每天有米下锅，就要制订周密的资金运作计划。在企业刚启动时，一定要做好三个月以上的资金准备。但开业后由于各种情况会发生变化，比如销售不畅、人员增加、费用增加等，因此要随时调整资金运作计划。而且，由于企业资金运作中有收入和支出，始终处于动态中，创业者还要懂得一些必要的财务知识。因此，要稳妥地投资、稳重地创业，做自己熟悉的行业；倘若短期内做得非常好，马上就做盲目扩张，往往是把有限的资本消耗掉。很多的系统公司一夜之间崩溃了，就在于它盲目扩张，资金链一旦断裂，整个系统全部瘫痪。因此，创业投资者事前必须做好投资准备，依据创业需求设定合理的资金理财目标，集中火力做必要的投资，同时也要给自己的创业资金留有余地，不冒不必要的投资风险，才可能确保创业资金的安全理财。

3. 实行客户授信评估

创业者应对客户进行授信评估。客户拖欠公司的应收账款，能不能还清，如果说评估这个客户有问题，宁可不做这笔买卖。创业资金的理财不仅包括创业期间的资金分配和管理，同时也包括创业过程中对于成本控制的能力，高成本运营通常所带来的是效益风险。

对于小企业，倘若应收账款偏高，实际上是一个潜在的亏损。应收账款实际上是资金链中的第一道风险，企业中的财务人员应该把其作为最敏感的因素对待。

4. 加强财务内部的控制

财务是企业最大的敏感因素，创业初期投资就是财务，营销就是财务，经营也是财务，一直到把这个企业关掉还是财务。所以加强财务管理是创业的核心观念。如果疏忽了财务管理，注定创业是要失败的。

很多人在创业之初，往往忽略了一个将直接影响创业项目发展的重要因素——资金流动性风险。所谓资金流动性风险，是指新创企业在企业运营过程中出现资金短缺而导致损失的可能性。所以，在对投资项目进行分析的过程中，需要不断地对自身的资金进行审视，始终衡量项目风险可能会对资金造成的影响。

可以利用现金流量来分析现金流短缺的原因。企业的现金流量包括经营活动产生的现金流量、投资活动产生的现金流量和融资活动产生的现金流量。

①经营活动产生的现金流量小，销售产品获得的现金是最主要的现金流入来源。

②投资活动产生的现金流量小，需要特别关注投资回收金额与投资支出的匹配情况。

③在融资活动产生的现金流量中，新创企业的融资渠道相对单一，可选择的融资方法较少，容易在现金流饥渴的驱动下，接受筹资成本较高的资金。

现金流短缺的其他原因：融资计划没有远见，后续工作不充分；内控体系不健全，现金支出失控；盲目投资。

防范现金流风险的方法：构筑严密的企业内控体系；用收付实现制的会计原则来管理现金流；变短期激励为长期激励，减缓短期现金流压力。

（二）技术风险的规避

由于企业受自身技术装备水平、科研条件、生产条件因素的影响，对技术的成果转化和投放市场不可能做出完全准确的预测，使许多因素处于不确定状态，而产生技术风险。

1.产生技术风险的原因

①追踪当前技术不及时。当市场出现有别于本企业技术的方向时，未能跟踪监测竞争技术的发展情况、市场接受度、配套条件的成熟等，而一味沉醉于自身技术的研发，未及时采取应对措施。

②不重视专利申请。没有及时将研发出来的技术申请专利。

③技术成功与否的不确定性。新技术、新产品能否按预定目标开发出来。

④技术是否完善的不确定性。新技术、新产品在诞生之初都是十分粗糙的，它能否在现有的技术条件下很快完善起来，也没有确切的答案。

⑤新产品生产的不确定性。技术开发出来后，在进行新产品的生产时往往受到工艺能力、原材料供应、零部件配套及设备供应能力的限制。

⑥新产品技术效果的不确定性。企业在开发、生产新产品过程中，难以事先预料产品的技术效果，尤其是那些需要较长时间才能显示出来的效果。

2. 防范技术风险的方法

①建立技术发展趋势的监测系统。系统实时追踪相关技术的发展状况，判断未来趋势，监测竞争对手的研发进展、产品的商业化进展，关注市场对不同技术产品的种种反应。

②高度重视专利申请、技术标准申请等保护性措施。

③在合适的时机，选择战略合作伙伴，采取灵活的方式分担风险。

四、合同和税务风险的规避

（一）合同风险的规避

合同又称契约，是平等主体的自然人、法人、其他组织之间设立、变更、终止民事权利义务关系的协议。一位法律权威人士说过："财富的一半是合同。"有时候，需要先有一份简明扼要的合同，拿下订单，以免失去商机；有时候，需要一份合法严谨的合同，既保护自己，又不要把客户吓跑。无论简单也好，严谨也好，合同订立中一个条款，一句话，一个字，甚至一个标点符号都是至关重要的，所以"会签才会赢"。

1. 签格式合同的风险

签格式合同的风险在加盟连锁类项目中最为突出。主要原因是加盟连锁项目所采取的扩张方式就是"复制"，而各个加盟商之间的相似甚至相同的操作模式，就直接导致了第一类合同风险——格式合同风险的产生。

格式化合同是公司统一经营的体现。一方面让各个加盟者明白总部并不是厚此薄彼的；另一方面也便于总部对加盟商进行管理。但既然是格式合同，就不可避免地会产生无法体现个性需求的缺陷。

2. 轻信口头承诺的风险

第二类合同风险是创业投资者轻信口头承诺。创业者在选择项目的过程中，容易犯的一个常见错误是：考察项目后，与项目方人员逐渐相熟，因此在正式签订合同时，讲究"义气"，甚至是顾忌脸面，从而轻信对方人员的口头保证和承诺，不将一些细节比如广告支持数额、产品具体质量、运输费用等书写在正式合同之内，最终导致纠纷发生。要知道，因为口头承诺而引发的纠纷几乎占到了所有项目纠纷的一半以上。

（二）税务风险的规避

企业税务风险通常是指纳税人没有充分利用税收政策或者税收风险规避措施失败而付出的代价，是经济活动环境的复杂性、多样性，以及纳税人认识的滞后性、对税收政策理解的失误等共同作用的结果。因而切实有效地分析影响企业税务风险防范的因素，使企业的税务风险防范更具有效性和准确性就显得尤为重要。

如何应对税务风险呢？

1. 研究宏观环境

虽然外部宏观环境存在于企业之外，企业无法改变，但企业可以通过调整自己的经营行为适应环境的变化。例如，企业可以对不断变化的外部宏观环境进行分析研究，尤其是对国家产业政策、行业政策、相关的法律法规、市场变化、新产品、新技术及国际形势的变化等进行分析研究，时刻把握其变化的趋势及规律，了解分析环境变化对企业生产经营的影响程度，同时充分考虑宏观环境的变化使企业面临税务风险的可能性、严重性和影响程度。

2. 采取有效的税务风险防范技巧

①实现绝对税额的降低，表现为直接减少应纳税款，可通过以下途径实现：①选择重要税种，寻求防范税务风险的最大空间；②用好用足税收优惠政策，挖掘增收的潜力，充分利用税收优惠政策以防范税务风险，是现代企业经营战略调整中最直接有效的方法，也是企业节税增收的核心与落脚点；③全方位运用各项政策，降低企业整体税负；④选择恰当的税务代理，合法地转移一部分税务风险。根据企业的实际经营情况设计全方位的纳税方案，合法地降低税务风险。

②实现相对税额的降低，即税款总体数额不变，企业赚取的是资金的时间价值，包括两个方面：①选择适当的成本费用分摊方法，减少企业的应纳税额，因此，企业可以选择有利的方法来计算成本，减少税基，实现各项成本费用和摊销额的最大化，以减少应税所得额，从而减轻企业的税收负担；②实现整体税负的递延缴纳，使资金具有时间价值。这种方法所带来的并不是税金支出的减少，而是符合法律规定的利用某种纳税日期的时间差，相应地增加利息收入或减少利息支出。

3. 让企业在税收筹划中获益

所谓税收筹划，又称纳税筹划，是指在国家税收法规、政策允许的范围内，

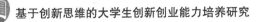

通过对经营、投资、理财活动进行的前期筹划，尽可能地减轻税收负担，以获取税收利益。税收筹划所取得的是合法权益，受法律保护，所以它是纳税人的一项基本权利。

税收策划的方向主要有以下几个方面。

①影响应纳税额的因素。影响应纳税额的因素通常有两个，即计税依据和税率。计税依据越小，税率越低，应纳税额也越小。

例如，企业所得税种，计税依据就是应纳税所得额。税率有三档：应纳税所得额 3 万元以下，税率 18%；应纳税所得额在 3 万～10 万元，税率为 27%；应纳税所得额在 10 万元以上的，税率为 33%。在进行该税种税收筹划时，如果仅从税率因素考虑，那么就有税收筹划的空间。

②办税费用筹划。办税费用包括办税人员费用、资料费用、差旅费用、邮寄费用、利息等。尽管办税费用在纳税成本中占的份额不大，但仍有筹划的必要。比如：对企业财会人员进行合理分工，由财会人员兼任办税员；通过网上申报降低资料费用；等等。对于利息费用的降低途径，可以采取递延纳税的办法。

③额外税收负担筹划。额外税收负担是指按照税法规定应当予以征税，但却完全可以避免的税收负担。下面主要论述与会计核算有关的三种非正常税收负担。税法规定，纳税人兼营增值税（或营业税）应税项目适用不同税率的，应当单独核算其销售额，未单独核算的，一律从高适用税率。纳税人兼营免税、减税项目的，应当单独核算免税、减税销售额，未单独核算销售额的，不得免税、减税。对纳税人账目混乱或者成本资料、收入凭证、费用凭证残缺不全，难以查账的，税务机关有权核定其应纳税额。

对于额外税收负担，纳税人可以通过加强财务核算，按规定履行各项报批手续，履行代扣代缴、代收代缴义务，认真做好纳税调整等方法来解决。

第六章　创业计划书

第一节　创业计划书概述

古人说："预则立，不预则废。"凡事在行事之前有一个计划安排，就会避免很多不必要的失误。在创业过程中要做到这一点。创业之路如同在茫茫大海上航行，漫无边际，深不可测，所以必须在启航之前做好一切准备，规划出合理的航线。创业计划书就是指导创业者航行的灯塔。

创业计划书是创业者计划创立的书面摘要，是创业者在经历了创业调研、机会寻找和评估、创业项目决策和创业团队的组建等一系列的过程之后，系统地将创业思路进行整理和归纳的成果。它用以描述与拟创办企业相关的内外部环境条件和要素特点，为业务的发展提供指示图。通常创业计划是市场营销、财务、生产、人力资源等职能计划的综合。创业计划既是对过去工作的梳理，又可指导未来的经营与管理，还是创业者叩响投资者大门的"敲门砖"，一份优秀的创业计划可使创业者掌握一把打开创业之门的钥匙，达到事半功倍的效果。

一、创业计划书的作用

（一）有利于创业者厘清思路

在现实生活中，一些热血澎湃、踌躇满志的大学生，在几乎没有任何商业管理经验和一份详细的创业计划的情况下，便在对未来的憧憬和创业激情的驱使下盲目地踏上了创业的道路。"车到山前必有路"这句中国老话经常是这些人给自己的理由和安慰。但实际结果呢？很多时候车到山前未必有路，有的却是车毁人亡的危险。

创业计划作为全面思考与创建新企业有关内外部环境条件和要素的重要过程，旨在阐述商机的意义、要求、潜在风险和收益，以及如何抓住这个商机。它涵盖新企业创建中所涉及的市场营销、生产与运营、产品研发、管理、财务、风险以及各阶段目标完成的时间表。对创业者而言，资源就像画家的颜料和画笔，只有当他们有了创作灵感的时候，才会在画布上挥毫泼墨。创业者心目中的画布就是在创业计划基础上形成的文本——创业计划书。单看画布本身是空而无物的，关键是要通过创业计划书的描绘，看能否以及怎样将创业思路、创业团队和资源变成一幅成功的作品——新企业的清晰面貌，即怎样创建这个企业、企业发展定位是什么、发展战略是什么，以及企业的预期目标又是什么。可见，创业计划书不仅是创业者成功创建新企业的运营路线图，还是管理新企业的"第一份"纲领性文件和执行方案。在撰写创业计划书时，创业者被迫系统地思考新创企业的各个因素，从而使自己的创业梦想更具可行性。当创业者决定把一个商机转变成一个完整的创业计划时，就必须思考、推理并付诸行动。撰写创业计划书是一项集辛苦、创造性和重复性为一体的工作。新的见识、新的灵感常常会在写作过程中"灵光一现"（即写作使人产生灵感），起初前景尚不明朗的商机可能会显示出较大的发展潜力；同时在撰写过程中还能够促使创业团队仔细考虑企业的各个方面，使一些最重要的目标和事项达成一致。可见，撰写创业计划书的重要价值在于帮助创业者厘清创业思路，明晰企业发展蓝图、战略、资源以及人员匹配要求。这一过程使创业项目更具可行性，同时降低了创业的风险。

（二）有利于创业者付诸行动

创业计划书是创业全过程的纲领性文件，对于创业实践具有非常重要的指导作用，有利于创业人才实施创业行为。创业计划书就如同一台功能超强的计算机，它可以帮助创业者记录许多创业的内容、创业的构想，能帮创业者规划成功的蓝图，让创业者始终保持清醒的头脑，对自己所有的资源、已知的市场情况和初步的竞争策略等做到心中有数。

完成一份精心设计的创业计划书通常需要花上数日或者数个星期进行市场调查研究。这将迫使创业者行动起来，为客观理性地评判创业项目而采取必要的前期行动。创业计划书所包含的产业分析、市场分析以及财务分析，将使创业者更加全面，更加清醒地认识到企业预期成就与现实之间的差距。这些分析不能只是停留在思考层面上，必须要创业者做大量的市场调研和资料收集，使创业计划书的各项目标得以量化。这些前期准备将为创业者今后的创业行为提供可度量的标准。创业计划书涉及企业的诸多方面，难免有不妥或遗漏之处，作为企业的"自我推销"文件，在供外部读者评估审阅时，有机会得到他人的指导，使计划更加切实可行。

（三）有利于创业者做最后的决策

一个创业灵感往往只是一个理想的火花，没有任何别的方式比完完整整地把它写出来，更能有效地检验创意的逻辑性与一致性。有些创意听起来可能很棒、很诱人，但是，当你把所有的细节和数据写下来的时候，自己就崩溃了——发觉创业项目与创业者的个人目标和期望并不一致，或根本没有实现的可能。那么，此时做出放弃创办新企业的决定，应被看作撰写创业计划书的又一种重要作用。创建新企业犹如作战，如果一条路暂时行不通，创业者应立马回头，及时调整方向，通过另一条创意之路走向成功，这又何尝不是一种胜利？这就是常说的"有一种胜利叫撤退，有一种失败叫占领"的应变策略。

（四）说服投资人

创业计划书除了使创业者了解自己要做的事情外，更多的时候还是给别人看的，尤其是给那些能给创业者提供一定资金帮助的人。一位投资家曾说过："企业邀人投资或加盟，就像向离过婚的女士求婚一样，而不像和女孩子初恋。双方各有打算，仅靠空口许诺是无济于事的。"对于正在寻求资金的创业者来说，创业计划书无疑是叩响投资者大门的"敲门砖"，创业计划书的好坏往往决定了融资的成败。所以，创业计划书的另外一个重要作用就是帮助创业者把计划中的企业推销给外部投资人。实际上，撰写创业计划书的过程也就成为一个创设企业形象的实践过程。因此，创业计划书必须将投资者非常关注的一些问题阐述清楚。例如，创办企业的目的——为何要冒风险，花精力、时间、资金去创办这个企业？创办企业所需多少资金？为什么要这么多的钱？为什么投资人值得为此注入资金？对已创办的企业来说，创业计划书可以使企业的出资者以及供应商、销售商等了解企业的经营状况和经营目标，说服出资者为企业的进一步发展提供资金。

（五）吸引人才

一切准备就绪，一个新创立的创业企业，还离不开一项重要条件，那就是适合的员工。历史悠久、规模庞大、知名度高的企业在引进人才时，通常人才慕名而来。但一家刚刚创立不久的新企业，要想吸纳优秀的人才却是比较难的。因为从外在因素看，很难在短时间内让人才对企业及其未来发展前景产生信任和充满希望。这时一份完美、极具吸引力的创业计划书就成了让人才全面了解企业和未来的非常重要的依据，是打动优秀人才的一张名片。对已经建立的创业企业来说，创业计划书还可以使员工了解企业的经营目标，并激励他们为共同的目标而努力。

二、创业计划书的分类

创业计划书按照不同的分类有不同的划分结果。

①按照行业特点，企业计划书可分为传统产业类和高新科技类的创业计划书。传统产业主要是指以劳动密集型为主体的生产消费品的行业。最典型的有制造业、建筑业、采掘业、种植业、运输业、冶炼业等。电子行业、制鞋、制衣服、光学、机械等可归到传统行业，但若它们加上高新技术之后又是另一种局面，而且是未来的明星产业。现代产业是指依靠现代科学技术装备起来的产业，具有知识密集型特征。最典型的有航天航空、生物技术、微电子、新材料、信息通信等。

②按照创业计划书编写的作用，企业计划书可分为争取风险资金投入、争取他人合伙、争取政府支持和创业规划指导等类型。

③根据服务类型的不同，创业计划书可以划分为专利性创业计划书，主要适用于自己有某领域的专利技术，但缺少资源、资金等；产品性创业计划书，主要适用于产品制造的创业计划，又可细分为硬件产品型和软件产品型；服务性创业计划书，主要适用于以服务为目的的创业计划；概念性创业计划书，主要适用于有好的概念或商业模式，但缺乏资金或资源的创业计划；等等。

④按照创业计划书的详细程度，企业计划书可分为略式创业计划书和详式创业计划书。

三、创业计划书的特点

创业计划书作为创业活动的纲领性文件，与其他活动的计划书有很大不同，其基本特征如下。

（一）创新性

创业计划书最鲜明的特点是具有创新性。一般而言，要求我们不仅提出的是新项目、新技术、新材料、新的营销模式，更重要的是要把自身的创意通过一种创新的商业模式变成现实。这种新项目、新内容、新的营销思路和运营思路的整合，才是创业计划书创新性的最本质的特征，也是创业计划书不同于一般项目建议书的根本之处。

（二）客观性

客观性是创业计划书又一个十分重要的特点，它表现在创业者提出的创业设想和创业模式是建立在充分的市场调研和客观分析的基础之上的，而非创业者拍脑门拍出来的。足够客观的创业计划会为创业者带来创业的成功。基于实践的大量信息和素材是创业计划书生命力的体现，是其具有实战性和可行性的基础。

（三）哲理性

创业计划书的哲理性是其不同于一般商业文件的一个十分显著的特点。这种哲理性要求创业者把严密的逻辑思考在客观事实中表达出来。经过市场调研、市场分析、市场开发与组织运营，以及全程的过程管理把预设的商业模式付诸实施，把预期效益变成商业利润。因此，创业计划书的每一个部分都是为这个整体目标服务的。

（四）实战性

创业计划书的实战性是指创业计划书具有可行性。因为只有经过实际运营，创业者才能将创业计划书中的创业设想付诸实现，也才能把预测价值变成现实价值。这种实战性尽管没有细节，但是项目运营的整体思路和战略设想应该是清晰的。实战的过程中尽管可能做出若干调整，但项目鲜明的商业特点和可行性是不会变化的。

（五）增值性

增值性主要体现在创业活动的高风险与高回报上，最主要的有以下三点。

①创业计划书的创新性必须能找到创收点。只有找到明确的创收点，才能体现出创业项目的高回报，没有创收点的创业计划书是没有商业价值的。

②创业计划书具有鲜明的实证数据，不是仅仅由概念和推理的逻辑思维组成的。好的创业计划书应该能够从理论和实践的结合上说明创意。

③创业计划书体现的是明显的商业价值观。有投资分析、市场分析、盈利分析等，使投资人能清晰明了其投资回报率。

第二节 创业计划书的制定过程

一、创业计划书基本结构

编写一份创业计划书，绝不是随便写一篇文章的事。编制计划书的过程就是创业者不断厘清自己思路的过程。只有自己思路清楚了，才有可能让投资人、员工相信你。

创业计划书没有严格的统一模板，但一般大同小异。创业计划书主要包括五大要素：封面及扉页、目录、摘要、正文和附录。

（一）封面及扉页

封面是创业计划书的"脸面"。封面的设计要有艺术性，最好富有个性。一个好的封面能让阅读者赏心悦目、产生良好的第一印象，会让人迫不及待地想去翻开它。

一般来说，创业计划书的封面应该是干净、整洁、清晰的；封面可以放一张企业的项目或产品彩图，但为便于打印和制作方便，一般不要有太多的"花花草草"的装饰。封面简洁大方的创业计划书会让人感觉到制作人头脑清晰。封面放置的内容一般不要搞得太复杂多样，这样会显得没有条理。封面一般应该包括以下几个方面的内容。

①项目编号。编号按照企业文件归档需要而定，它体现档案管理水平。

②保密等级。保密等级表明创业计划的保密程度，分机密和绝密。

③项目名称。项目名称应该非常醒目，是重点突出的。

④公司名称。

⑤编制时间。

根据项目内容和阅读对象的不同，封面可以适当加以包装，如加硬皮封面或塑料封皮等，以体现创业者对项目和阅读者的重视以及自身的实力和风格。

扉页，即翻开后的次页，或封面的反面。扉页部分一般包括两大方面内容。

①保密须知或企业简介。保密须知可放在封面，也可放在扉页，主要是要求阅读者或投资方项目负责人妥善保管创业计划书，未经融资企业同意，不得向第三方公开创业计划书涉及的商业秘密。企业也可以单独起草一份计划书保密协议。

②企业联系方式。如公司地址、邮政编码、电话、传真、电子邮件、联系人、公司主页等信息，也可列入公司的企业精神、信念或者致谢语，如"谨以此献给追逐伟大梦想的人们"，这将给阅读者传递一种坚定的信念，也将展现公司的抱负，令人耳目一新。

创业计划书的封面和扉页的内容也不是必须严格按照上述要求的，也可依据制作者或阅读者的具体情况，做适当的调整。

（二）目录

目录标明了各部分的标题和页码。在制作创业计划书的过程中，有的制作者不太重视目录，或干脆省略了目录。没有目录往往会给阅读者带来很大的麻烦，尤其当文章页数比较多的时候。目录具有检索和导读功能，能够让读者快速掌握全文大致内容，并方便找到相应的内容出处。值得注意的是，目录页码要与内容完全一致。

目录应当遵循创业计划书中各部分内容的格式。每一主要部分都应当编号并细分为次一级内容，这可以通过两种常用的编号方式来实现。第一种是哈佛纲要法。这种方法中主标题采用罗马数字，主要部分用大写字母，次一级内容用阿拉伯数字，更下一级的内容用｛数字，字母｝方式。第二种方法是十进制法。每一个主标题都应编号，从 {1.0} 开始，紧跟的下一级编号为 {1.10}，{1.11}。

如果创业计划书内有大量表格、图示、图片和专栏，还可单独准备一张图表目录，用于列示这些图表的名称和页码，排列方式只要连贯一致即可。由于列出表目录和图目录旨在让阅读者易于从创业计划书中获取相关信息，因此应该避免复杂或者晦涩的编排。

（三）摘要

摘要在整个创业计划中意义非凡。计划摘要列在创业计划书的最前面，是风险投资者首先会看到的内容。如果说计划书是敲开风险投资公司大门的敲门砖，是通向融资之路的铺路石，计划书的摘要可以被看作点燃风险投资者对你的投资意向的火种，是吸引风险投资者进一步阅读创业计划书全文的灯塔，它是创业计划书精华的浓缩，反映计划书的全貌，是全部计划书的核心之所在。摘要编写的好坏直接关系到是否能吸引读者的眼球和激发其再往下看的兴趣。因此，在编写摘要时应注意以下几个问题。

①摘要应具有独立性和自明性，要使投资者能够马上理解你的基本观点，快速掌握创业计划书的重点，然后做出是否愿意花时间继续读下去的决定。在发达国家，繁忙的投资者一天要看数十份创业计划书。如果摘要不能一下子

抓住投资者的心，创业计划书写得再精彩也没有用。

②要换位思考，从投资者的角度考虑问题，将投资人最关心的问题凸显出来。不要过多地考虑你想说什么，而是要考虑潜在的投资者希望看到什么。撰写摘要时，要常常问自己"谁会读我的计划？"，不同的投资者有不同的兴趣，他们看创业计划书的侧重点不同。银行等投资者通常对企业以前的成功业绩感兴趣，而投资公司则通常对新技术感兴趣。所以在撰写摘要之前先要对投资者做一番调查研究，突出投资者最感兴趣的方面。对不同的投资者，要突出不同的方面。由于一项投资通常要由几个人或几个部门共同做决定，在调查投资者的情况时要对整个投资机构有一个较为全面的了解，兼顾多人。

③要激发读者的兴趣。摘要部分一定要放在最后完成。动笔写摘要之前，先完成整个创业计划书主体的抛光润色，然后反复阅读主体文章，提炼出整个计划书的精华所在之后，再开始动笔撰写摘要部分，以做到胸有成竹，一气呵成。写完之后，再请周围的人检查过目，提出意见，重点了解他们的反馈，看他们能否马上被你的文章所打动。如果不能，则需要重新考虑如何撰写，直到可以马上打动你身边的人为止。要让读者感觉既出乎意料，又在情理之中。一般情况下，应该在前1/3处就提出筹资需求。

④文笔生动、语言简明、思路清晰。风格要开门见山，夺人眼目，可以立即抓住重点。一般描述性语言要简约，切忌行文含蓄晦涩，让人难以琢磨。记住，投资者是没有时间去琢磨你的文章的。摘要篇幅一般为 1～2 页，同时要避免使用专业术语，保证读者能够在有限的时间内完全理解全文。

⑤在写作全部完成之后，一定要自己先检查有无错别字等，切忌在文章中出现这些错误。自己检查完之后，再请别人检查，直到确认无误为止。在用英文撰写创业计划书时，可以用专业的软件检查一下拼写和语法。现在在市场上通用的文字软件都有检查拼写和语法的功能。如果在文章中出现文字错误，你又怎么能证明你是一个作风严谨的企业家呢？千万不可由于细小的误差而失去重要的机会。

（四）正文

正文是创业计划书的主体部分，详细介绍投资者比较关心的各种问题。正文通常包括如下几部分内容：企业介绍、经营团队、产品（服务）介绍、市场调研与预测、营销策略、生产制造计划、财务分析与规划、融资计划、风险分析和经营目标等。正文的内容不仅要求有充足的数据资料，推理合乎逻辑、使人信服，还要突出重点，实事求是。

（五）附录

附录是对正文中涉及的相关数据和资料的补充。附录在整个计划书中也是非常重要的。因为详尽的附件资料能够帮助投资机构从多方面来了解创业项目，从而增加对项目的兴趣。附录一般可有附件、附图和附表三种形式。值得注意的是，也是创业者常常容易忽视的，当计划书主要以融资为目的时，那么在创业计划书的附录中，最好包含两个以上第三方人员或机构的推荐信，推荐人最好来自著名的公司或者权威部门，有一定的身份和地位。

二、创业计划书正文内容

就具体内容来说，一份创业计划书的正文部分可以分成十大章。

第一章，项目描述，就是创业项目到底是什么。必须描述：所要进入的是什么行业；是买卖业、制造业还是服务业；卖什么产品还是提供什么服务；谁是主要的客户；目前处于萌芽、成长、成熟还是衰退阶段；是新创的还是加入或承接既有的；是要用独资的方式还是合伙或公司的形态；为何能获利、成长；打算何时开业；要不要配合节庆；营业时间有多长；是否有季节性。

第二章，产品／服务。企业提供什么样的产品或服务，还是两者都有；有什么特色；产品的特色能带给客户什么利益；我们的东西跟竞争者有什么差异；如果产品或服务是创新、独特的，如何使人产生购买欲；如果产品服务并不特别，其卖点又在哪里。

第三章，市场。就是先界定目标市场在哪里，客户的年龄层分布情况。市场是否存在对这种产品的需求；需求程度是否可以给企业带来所期望的利益；新的市场规模有多大；需求发展的未来趋向及其状态如何；都有哪些因素影响需求；是在既有的市场去服务既有的客户，还是在既有市场去开发新客户；是在新市场去服务既有客户，还是在新市场去开发新客户。不同的市场、不同的客户都有不同的营销方式。市场营销就是要先找到客户是谁，找出客户后想办法，让客户从口袋把钱拿出来买你的东西。销售时要知道：真正的客户在哪里；产品对客户有什么样的利益；要用哪种营销方式；是直销还是要找经销商；怎样去定位、上市、促销。这些都跟市场规模多大、每年成长的潜力有关。当市场成长时，市场占有率会上升或下降；市场是否竞争激烈；怎么定价；预算怎么做；要采取什么样的策略；等等。

第四章，地点。地点的选择对一般公司可能影响不那么大，但是如果要开店，店面地点的选择就很重要，不然为什么麦当劳要开在街口转角？通常一个不好的地点绝对会让你"关门大吉"，好的地点会让利润更多。

第五章，竞争。这一部分主要是对现有和潜在的竞争者及替代产品、供应商、市场进入的障碍、竞争优势和战胜对手的方法等进行分析。

可以从以下几个方面展开：谁是最接近的五大竞争者；他们的产品或服务如何；他们与项目相似的程度；从他们那里学到什么；如何做得比他们好；竞争对手所采用的营销策略是什么。此外，还应明确每个竞争者的销售额、毛利润以及市场份额，然后讨论本企业相对于每个竞争者所具有的竞争优势，要向投资者展示顾客偏爱本企业的原因。创业计划书要使它的读者相信，本企业不仅是行业中的有力竞争者，而且将来还会是确定行业标准的领先者。

第六章，管理。企业能否成功，科学管理是关键。缺少科学管理的企业，是现代市场经济的被淘汰者。科学管理能够带领员工更好地工作，为企业带来更多的利润。所以，在计划书中，要以建立结构合理的创业团队为目标，依据团队成员各自的优势、劣势，明确创业团队之间如何互补，彼此间职务及责任如何分工，职责是否界定明确以及是否有其他资源可分配和取得，等等。

第七章，人事。要明确：现在、半年内、未来三年内的人事需求；还需要引进哪些专业技术；人才引进的方向；人才的结构情况；员工的薪水、福利状况；员工的教育培训；人事成本的情况；等等。

第八章，财务规划。财务规划一般包括以下内容：创业项目计划书的条件假设；未来三年的损益表、资产负债表和现金流量表预估情况（第一年报表要以每月为基础，第二、第三年则以每年为基础）；筹资／融资款项的运用以及筹融资款对利润的贡献；供货商、规格、品牌、价格、数量、运费、税金的计算等。一份好的财务规划对评估新创企业所需的资金数量，提高其取得资金的可能性是十分关键的。如果财务规划准备得不充分，会降低新创企业的评估价值，同时也会增加企业的经营风险。

第九章，风险。经营企业一定会有风险，平时就要注意。风险不是说有竞争就有风险，风险可能来自市场变动、竞争对手太强、客源流失，还有进出口会有汇率变动的风险、自然灾害带来的风险等。这些风险对创业者而言，甚至会导致创业失败，因此，风险评估及应对策略是创业计划书中不可缺少的一项。

第十章，成长与发展。经营企业应思考下一步要怎么样，三年后要怎么样，五年以后要怎么样，创业计划是否有改动，等等。所以在规划时要做到深耕化和多元化。

三、创业计划书撰写和展示技巧

（一）基本步骤

1. 创意形成阶段

创业计划书的编写涉及的内容较多，因而制订创业计划前必须进行周密安排。

①经验学习，尤其对首次编写创业计划书的团队来说，多看看别人比较完美的创业计划和咨询相关专家是非常必要的，可以少走弯路，提高效率。

②创业计划的构想和细化，初步提出计划的构思。

③制订编写计划，明确创业计划的种类和总体框架。

④确定创业计划编写小组，并制定编写的日程安排和人员分工。

2. 资料准备阶段

以创业计划总体框架为指导，针对创业目的与宗旨，搜寻内部与外部资料。

①进行市场调查和产品测试，包括创业企业所在行业的发展趋势、产品市场信息、产品测试、实验资料等资料的准备和调查。

②进行营销方案的策划，主要是指竞争对手信息、同类企业组织机构状况、营销方案的大致构思等。

③进行财务分析，主要是指行业同类企业财务报表、企业财务报表、融资计划等。

资料调查可以分为实地调查与收集二手资料两种方法。实地调查可以得到创业所需的一手真实资料，但耗费较大；收集二手资料较容易，但可靠性较差。创业者可根据需要灵活采用资料调查方法。

3. 创业计划书的形成

创业计划书的形成阶段主要有以下几项任务。

①拟订创业计划书的执行纲要，主要是制定出创业计划各模块的写作纲要。

②草拟初步创业计划。依据创业执行纲要，对创业企业的市场竞争及销售、组织与管理、技术与工艺、财务计划、融资方案以及风险分析等内容进行全面编写，初步形成较为完整的创业计划方案。

③修改检查与完善阶段。创业计划小组在这一阶段对创业计划进行广泛调查并征求多方意见，进而提交出一份较为满意的创业计划方案。然后检查完

善计划书，千万不要有错别字之类的错误，否则别人对你做事是否严谨会产生怀疑。

④创业计划书定稿。设计一个漂亮的封面，编写目录与页码，然后打印、装订成正式创业计划文本。

4. 最后检查

创业计划书完成后，最后可以从以下几个方面再加以检查。

①进行格式上的检查

创业计划书的主体格式尽管并不固定，但是其主要的内容、主要的纲目却是必需的，是不可或缺的。创业计划书对主封面的要求也是非常规范和严格的，主封面除了写明项目名称和项目编制人（或单位）之外，还应该特别标明版本及保密级别。版本表示计划书的修改情况，保密情况反映创业项目安排、战略策划和整体设想的保密情况。相当一批跨国风险投资商是不希望创业计划书成为公众性计划书的。

②进行文字上的检查

创业计划书应该是创业者真实的、完整的、准确的意思表示。因此，计划书中的用词、用字和标点及相关的数字计算都要十分准确。应尽量用简单而准确的词语来描述每件事、每一商品及其属性的定义。段落要清晰，阐述问题的逻辑层次要清楚。该用图表说明的地方尽量用图表说明。如果创业计划书较长，还应该有目录。

③进行内容上的检查

内容是检查的重点，是修改的基础。内容的检查分两个层次：一个是通盘检查，也叫整体检查；另一个是重点检查。正确的做法是在整体检查的基础上进行重点检查；在重点检查并进行重点修改后，再进行通盘检查并定稿。

在对内容进行检查的时候，可以针对以下问题逐一进行检查。①你的创业计划是否向阅读者显示出你具有的管理经验。②你的创业计划是否向阅读者显示了公司财务上的偿还能力。③你的创业计划是否向阅读者显示出你已进行过完整的市场考察和分析。④你的创业计划是否容易被投资者所领会。创业计划应该备有索引和目录，以便投资者可以较容易地查阅各个章节，还应保证目录中的信息流是有逻辑的和现实的。⑤你的创业计划中是否有计划摘要并放在了最前面，计划摘要相当于公司创业计划的封面，投资者首先会看它。为了保持投资者的兴趣，计划摘要应写得引人入胜。⑥你的创业计划是否在文法上全部正确。⑦你的创业计划能否打消投资者对产品（服务）的疑虑。

（二）编写原则

1. 逻辑性原则

逻辑性原则是指在创业计划书中的前后基本假设或预测要相互呼应和一致，也就是说前后逻辑要合理。要给投资者充足的理由，说明投资是可行的；解释创业及投资成功的可操作性时要合乎逻辑；告诉投资者项目的可营利性要合乎逻辑；阐述项目的可持续要合乎逻辑；等等。

2. 真实性原则

创业计划书的论据、假设及内容要合理，有理有据，务必真实，不得有虚假浮夸的成分。这样的一份创业计划书才具有可行性，对潜在投资者来说也更具有吸引力。过分乐观的陈述或预测会破坏它的可信度。例如，有关销售潜力、收入预测估算、增长潜力都不要夸大，言过其实。

3. 简洁性原则

创业计划书的阅读者大都惜时如金，他们快速浏览实施概要了解新企业的概貌后，觉得计划很有说服力和吸引力，才会继续看下去。创业计划书中应避免出现一些与主题无关的内容，要开门见山地直接切入主题重点分析。语言应简洁和精练，条理清晰，尽量让重点部分一目了然。

4. 完整性原则

创业计划书已成为一种国际惯例，结构是相对固定的。该说的话绝对不能少。缺乏财务预估、市场状况及竞争对手数据的创业计划书，会使投资方对方案评估的速度减慢。因此，应有的内容不能无故缺乏，结构应完整、各部分内容的叙述要清晰流畅，在格式安排上要严谨周密。

5. 顾客导向性原则

创业计划书一定要让读者感到满意。比如对于融资创业项目来说，项目的独特优势，市场机会与切入点分析，问题及其对策，投入、产出与盈利预测，保持可持续发展的竞争战略，风险应变策略等问题是投资人最关心的问题，则应重点突出。比如还可根据募资对象的不同，适当调整行文的语调、章节的编排、数据的呈现、重点的强调等来满足其需求。

6. 平实易懂性原则

虽然有的项目有一定的技术含量，对项目的分析不仅需要用到一些专业知识，而且也需要用到一些专业术语。但在撰写创业计划书时，建议撰写者尽量深入浅出，用通俗易懂的文字表述。因为，不是每一位读到这份创业计划书的人都是该项目领域的专家。一份好的创业计划书，应该使一些外行人也能看明白这是一个好的、可行的投资项目。一位能将专业性强的投资项目用通俗语言向读者展示出来的创业者，本身就是一位将该项目进行了全面分析、研究，并对该项目的市场前景、盈利能力充满信心的人。

7. 预见性原则

预见性原则要求对创业计划书中的项目风险有所预判。有的计划书中只谈可行性，而对面对的问题和困难估计不足。但是阐述新企业在运营过程中可能会遇到的风险因素，是创业计划书中不可或缺的部分。这部分内容是投资者和银行所关注的重点。识别并讨论新企业中存在的风险，可以证明创业者作为一名准职业经理人的综合素养，可以增加投资者对创业者团队的信任度。风险的危害性就在于其未知性，已知的风险常常不是风险。所以，主动指出并讨论风险，有助于向投资者表明，创业者已清醒地考虑过它们并且能够处理和控制好这类风险。因此，在创业计划书中讨论风险，是为了显示创业团队的风险管理能力。创业计划书中如果没有重视计划中可能的瑕疵，对潜在的风险避而不谈，这样的创业计划书一般很难被投资者和银行所认可。

8. 保密性原则

创业计划书中涉及的核心机密可适当进行规避，或者另外签订保密协议，保障自己的核心机密不在这一过程中外泄。

9. 美观性原则

一份创业计划书是否被"修饰"得美观整洁，直接影响阅读者对创业计划书质量的"第一印象"。创业计划书中的封面、目录、实施概要、附录、图表等部分是否合理编排、美观整洁，创业计划书的排版是否规范，装订是否整齐美观……这些都直接影响阅读者对创业计划书的评价。设计、排版、装订和印刷如果显得粗糙，会让阅读者对该项目的重视程度以及创业者个人素质产生误判。

（三）创业计划书的展示

1. 幻灯片展示

创业计划书撰写完毕，就可以向不同对象进行宣传了。对不同对象，计划书可以有不同的展示手段。比如对于企业内部人员，可以用发放纸制文件自行阅读的形式，而对外部投资者可以采用会议宣讲等形式。但不论对谁，制作幻灯片无疑是更直观展示创业计划的方法。在制作幻灯片时应注意以下问题。

①成员形象。在介绍公司成员时，不要密密麻麻地列出一堆名字，这使人没有阅读欲望，也记不住。比较好的方式是使用公司成员的头像，也就是能展示成员特点和风采的个人照片。可以是工作场所的照片，也可以选取适合的生活照。投资者特别看重团队，所以要把每个人的形象展示给投资人，加深印象。

②版面简洁，少用文字。尽量让每张幻灯片只包含一点点重要信息。如果文字太多，投资人就会各自低头玩手机去了。可以自己准备一份演讲稿，把密密麻麻的东西都放在演讲稿里。然后打印出来，拿在手边，字号要足够大，扫一眼就能看清内容，对于重点内容可以用彩笔标出来。但这个稿子不是让你念的，只是备用。对于其中的内容，应做到烂熟于心。

③确保你的幻灯片能讲个好故事。你的产品和团队都很出色，但重要的是你要让投资人跟你一起分享并加入这个精彩的故事中。

④不要读幻灯片。潜在的投资人通过你的展示来了解你，看你如何推销自己的梦想。所以要想想办法通过语言把他们带入你的构想，并做到熟悉讲稿，自然表达。如果只是读幻灯片，会让人觉得了无生趣。

⑤幻灯片提供的只是辅助性数据，你所说的才是最重要的。

⑥最重要的一点是要有眼神交流，用眼神来帮助你推销，用你的表情来传达你的激情和热情，从而打动投资者。

2. 投资者交流

在进行创业计划书展示的过程中，投资者通常会就一些相关问题进行提问。创业者需要对这一情况有所准备，以便能够应付自如。投资者常问到的问题如下。

①你的管理队伍拥有什么类型的业务经验？

②你的管理队伍中的成员都是成功者吗？

③每位管理成员的动机是什么？

④你的管理队伍能完成经营计划中列明的任务吗？

⑤你的公司和产品如何进入行业？

⑥目前的市场潮流是什么？

⑦在你所处的行业中，成功的关键因素是什么？

⑧你如何判定行业的全部销售额和成长率？

⑨对你公司的利润影响最大的行业是什么？

⑩在你所处的行业中，季节性的影响因素是什么？

⑪和其他公司相比，你的公司有什么不同？

⑫为什么你的公司具有成长潜力？

⑬是什么使你的公司具有特殊的地位？

⑭你的项目为什么能成功？

⑮为什么说你的产品服务是有用的？

⑯你的产品能为使用者带来什么？

⑰你所预期的产品生命周期是什么？

⑱技术上的进步对你的产品和企业会有怎样的影响？

⑲你的产品的责任是什么？

⑳是什么使你的公司和产品变得独特？

㉑当你的公司必须和更大的公司竞争时，为什么你的公司会成功？

㉒你的产品满足了顾客的特定需求还是潜在需求？

㉓你的产品有作为标识的商标名称吗？

㉔你的产品可以重复使用吗？

㉕你的产品质量是高还是低？

㉖顾客是否是你产品的最终用户？

㉗你的产品所面对的是大众消费者还是单个的大买家？

㉘你的竞争对手是谁？

㉙你的竞争对手在哪些方面比你强？

㉚和竞争对手相比，你具有哪些优势？

㉛和你的竞争对手相比，你如何在价格、性能、服务方面和他们竞争？

㉜你的产品有哪些替代品？

㉝据你估计，你的竞争对手对你的公司会做怎样的反应？

㉞如果你计划取得市场份额，你将如何行动？

㉟在你的营销计划中，最关键的因素是什么？

㊱你采取的主要是零售营销战略，还是行业营销战略？

㊲在你的营销计划中，广告有多重要？

㊳你的广告计划对产品的销售会有怎样的影响？

㊴当你的产品／服务成熟以后，你的营销战略将怎样改变？

㊵对你来讲，是否需要直销？

㊶你的顾客群体有多大？

㊷你的顾客群体在统计上的特征是什么？

㊸从最初的购买者接触到实际的销售其延迟时间有多长？

㊹你的设备怎么样？

㊺你认为公司发展的瓶颈在哪里？

㊻你认为质量控制有多重要？

㊼目前的储备有多少？

㊽你的产品是在组装线上大批量生产，还是根据客户要求单独生产？

㊾在制造产品的过程中有哪些健康和安全方面的问题？

㊿你的供应商是谁？他们经营有多久了？

51供应商的来源有多少？

52目前是否存在着零件缺乏的问题？

53你的公司有多少名雇员？

54在将来，你预计需求会是什么？

55公司的劳动力供应来自何处？

56公司的雇员是如何分类的，即全职工、临时工、管理人员、支持人员或生产／服务人员是如何分类的？

57培训员工的费用是多少？

58公司职工主要是熟练工人还是非熟练工人？

59公司是否有工会组织？它与公司的关系怎样？

60你公司的设备已使用了多少年？

61每年公司的维修费用是多少？

62你公司在今后五年中的资金需求量是多少？

63你的竞争者是否在设备方面比你有优势？

64你是租设备还是买设备？

65你租用的条件是什么？

66你欠了多少有抵押的债务？

67根据你的经营计划，你公司的设备是否能满足公司将来扩展的需要？

68公司扩展是否要求重新定位？

69谁拥有专利？

70在你和专利人之间的许可协议是什么？

71其他人是否也有许可协议？如果有，会对你的公司有什么影响？

72目前的研究和开发方向是什么？

73研究和发展部门的进展情况对将来的销售会有怎样的影响？

74每年公司投入研究和开发部门的费用是多少？

投资者可能会用很挑剔的眼光看创业计划，这时创业者可能会很泄气。其实，投资者仅仅是在做分内的事，提出的问题可能会很有帮助，会给创业者很大的启发。回答问题阶段是非常重要的，此时投资者往往考察创业者是否挖掘到问题的本质，以及创业者对新创企业了解多少。

现场回答投资者的问题要注意以下几点。

①对投资者提问的要点要准确理解，回答要具有针对性而不能泛泛而谈。

②能在投资者提问结束后迅速做出回答，回答内容连贯，条理清楚。

③回答问题要建立在准确的事实和可信的逻辑推理上。

④对投资者特别指出的方面能够做出充分的说明和解释。

⑤陈述和回答的内容要有清晰的逻辑性和整体的一致性。

⑥团队成员在回答时有较好的配合，能协调合作，彼此互补，对相关领域的问题能阐述清楚。

四、创业计划书的自我评估

（一）计划书的自我检查和评估的内容

在完成了创业计划书之后，创业者应该重新审视一番自己的计划书。读者在审查计划书时，也会从各个方面对计划书进行评估。读者可以是投资人，也可以是与融资者和投资人毫无关系的第三方。国内外任何投资个人或机构在进行风险投资前，一定会对创业计划书进行非常科学的、严谨的审查评估。有很多高校和社会机构组织各种创业大赛，会由组委会聘请相关专家对计划书进行评估。具体来说，自我检查和评估的内容如下。

①摘要。计划书是否简明扼要地概括了计划书的全貌并能吸引和激发读者的兴趣。重点包括对企业及产品（服务）的介绍、市场概况、生产指导计划、营销策略、财务预测；指出新理念的形成过程和对企业发展目标的展望；介绍创业团队的特殊性和优势；等等。

②企业。计划书是否向读者展示了企业的基本情况，并以最快的速度取得了读者的信任。主要包括企业的经营理念和创意形成过程，企业的现状、过去的背景，企业的经营范围，创业者自己的成长经历和兴趣爱好，等等。

③产品（服务）。计划书是否向读者展示了企业的产品（服务），打消了投资者对产品/服务的疑虑，并充分凸显了其独特优势。主要考察如何满足目标顾客的需要；说明其专利权、著作权、政府批文、鉴定材料；指出产品/服

务目前的技术水平处于何种地位，是否能适应市场需求和实现产业化；等等。如果需要，可以准备一件产品模型。

④创业和管理团队。计划书是否向读者清楚地介绍了创业和管理团队，并显示出具有管理企业的经验，让读者认同这是一支优势互补的优秀团队。主要包括管理团队各成员有关的教育和工作背景、经验、能力、专长；组建营销、财务、行政、生产、技术团队；明确各成员的管理分工和互补情况、公司组织结构情况、领导层成员、创业顾问及主要投资人的持股情况。

⑤市场。计划书是否向读者显示了已进行过完整的市场分析，描绘了一个非常有潜力的美好的市场前景，并认为该项目可能会在竞争中取胜。主要内容包括分析市场竞争状况、市场变化趋势及潜力，细分目标市场及顾客描述，估计市场份额和销售额等。

⑥生产。计划书是否向读者提供了一份详尽的生产制造计划。主要包括原材料的供应情况、工艺设备的运行安排、人力资源安排等。这部分要求以产品或服务为依据，以生产工艺为主线，力求描述准确、合理、可操作性强。

⑦营销。计划书是否向读者展示了一套完备的营销策略，并通过此策略让企业较快地取得一定的市场份额和优势地位。主要包括如何保持并提高市场占有率，把握企业的总体进度，对收入、盈亏平衡点、市场份额、主要合作伙伴和融资等重要事件有所安排，构建通畅的营销渠道。

⑧财务。计划书是否向读者交代了一份确实可靠的财务分析计划，并显示了有能力偿还借款，让读者清楚投资回报的情况。主要考察营业收入和费用、现金流量、盈利能力和持久性、固定和变动成本；前两年财务月报，后三年财务年报。数据应基于对经营状况和未来发展的正确估计，并能有效反映出公司的财务绩效。

⑨风险。计划书是否向读者陈述了未来可能面临的各种风险和规避措施，并让读者认为是行之有效的。

⑩融资。计划书是否向读者明确了一套令人心动的融资计划。主要考察融资的数量、分配、担保、利润分配和退出机制等。这一项主要是针对以寻求融资为主要目的的计划书。

⑪目标。计划书是否向读者展示了未来几年的发展目标，并让读者觉得该项目是可持续发展和盈利的。

⑫整体表现。计划书是否让读者整体感觉条理清晰，数据科学和翔实。

（二）评估的作用和原则

1.评估的作用

对创业计划书进行评估具有非常重要的作用，主要表现在以下几个方面。

①它可以帮助创业者进行管理与决策：根据评估的结果，可以帮助判断该项目是否是一个好的项目，是否值得投资。

②可以对目前的方案进行改善：针对评估给出的意见和建议，可以进一步对项目和计划书进行改进和完善。

③可以展现专业能力：通过评估，尤其是权威人士或机构的评估，可以不断完善计划书，更凸显了计划书的专业性和项目的可信度。

2.评估的原则

①科学、客观、公正的原则。一方面是指在评估的时候，不应带有任何个人的主观感情色彩和偏见，以客观、公平、公正的态度对待每一份创业计划书。另一方面是指评估指标和权重的设置应科学，符合发展规律。

②综合评价原则。主要是指在评估计划书时应从多个角度和内容综合进行整体评价，而不能只着眼于其中的某几个方面，否则就会错失比较好的创业项目和投资机会。

③定量分析与定性分析相结合的原则。大多创业项目还未实施或仍处于发展阶段。所以在评估创业计划时，不仅要根据数量特征、数量关系和数量变化来对企业经营给予评价并做出投资判断分析；同时还要根据阅读者的直觉和经验定性地分析项目过去和现在的延续状况、最新的信息资料、未来发展变化规律等内容。二者相辅相成，灵活运用才能对创业计划书做出最佳的评估。

五、创业计划书模板示例

以下是某茶餐厅创业计划书。

（一）企业概要

①公司名称：某茶餐厅。

②组织形式：个体工商户。

③营业地点：南通大学内。

④主要产品：港式茶饮、糕点、炖品、冰激凌。

⑤业务方式：早餐、早午茶、下午茶。

⑥服务宗旨：美味、时尚、优质、健康，让顾客满意。

⑦企业经营理念：现代港饮港食的都市时尚风格、新鲜快捷、时尚美味、平民化。

⑧经营战略目标：创建极具现代都市特色的、体现港式风情的优美环境，打造一个平民化的健康餐饮品牌。

（二）市场分析

1. 行业的基本特点

①食品多样化：茶餐厅供应了中式及西式的食品，更有不少香港地区独有的饮食。一间小小的餐厅食物繁多，顾客可以随意搭配，以选择合适的食品。

②讲求效率：顾客光顾后自行到收银处付费，而且不需要等候，以点菜至结账都讲求速度。

③食品价钱不贵：传统食肆售卖的食品价钱通常比较贵。茶餐厅里的一顿饭可能只需 10 多元，茶餐厅里的快餐包含饮料，免费提供清水或热茶。

2. 可行性分析

①南通的港式茶餐厅不多，而且价格较高，实惠优质的茶餐厅，正迎合大学生追求品质和低消费的特点。

②虽然学校有食堂和很多摊点，但早上忙于上课的学生，在买早餐时依然拥挤，所以快捷的茶点定会受学生青睐。

③大学生上课的时间不统一，所以吃饭的时间就不会集中。推出早午茶和下午茶正好满足大学生的这种需求。就算有些学生没到吃饭时间，也会想买些饮品和小点心。

④茶餐厅的食物品种多，每次都可以换着搭配，每次都有不一样的口感，对于乐于尝试新鲜刺激的大学生，很有吸引力。

⑤港式茶餐厅的店内环境优雅、舒适，适合大学生休闲聊天、约会，更能体验到人性化的服务和更具人文特色的文化氛围。

3. 竞争状况

校园内有不少快餐店和饮品店，这些商家在学生中形成很强的品牌意识。还有食堂、北街一些摊点价格非常便宜，比我们有价格优势。

4. 未来发展趋势

虽然现在出现了个别连锁式茶餐厅和一定数量的港式茶餐厅，但市场调查资料显示，价格普遍偏高。再加上港式茶餐厅的特色食物和服务，以及时尚、舒适的环境，我们应该能有效地打入学生市场。在学生中树立好的口碑后，寻找投资者，然后在南通其他地方开分店。

5. SWOT 分析

优势：地处学生密集区，人流密集、商机无限，得天独厚的环境；全新的设备，宽敞明亮的就餐环境，高性价比的食品，有利于销售切入；经济型的人力构架，高级服务模式，环境舒适。

劣势：新开业，缺乏知名度，市场认知及接受有一个培植过程。

机会：在高校内，市场容量大；地理位置得天独厚，商业环境不可复制；新店、新员工经过系统培训，士气不言而喻；周边虽商家林立，但软体环境不同，竞争力有强有弱，已为客源分流埋下伏笔。

威胁：服务与产品质量的高低与经营成本又有直接和必然的联系，如此则产品价格必然不会比竞争对手低，虽然总体上价格并不会太高，但相比之下，学生的经济承受能力仍无法支撑一日三餐都在店里消费。并且，成本与利润也是直接挂钩的，盈利的多少则又是能否在竞争中生存下去的一大决定因素。再者，各地风俗与饮食习惯的不同，又产生了另一个问题，是否大多数顾客都能对产品认可或满意，这也是需要接受考验的。

（三）市场营销战略

1. 市场细分化

消费群体：在校大学生。

消费动机：休闲。

行为特点：群体或个人消费。

2. 市场战略

因为是刚成立的企业，面对的是新的顾客，对顾客而言，产品也是新的，所以将选择多样化市场战略。

相应地，将会采取以下措施。

①可分发调查问卷，分析同学们对茶餐厅有关的建议和看法，以便更加符合同学们的需求和对产品和服务的要求。

②针对调查问卷的统计结果，有侧重地对餐厅细节方面进一步分析和完善，如装修风格、价格等。

③对店内员工进行培训，保证他们能够达到顾客服务的要求。

3. 市场营销组合

本企业的市场营销组合策略为市场无差别策略，包括以下内容。

（1）产品策略

为顾客提供时尚优雅的环境和优质的服务，保证产品质量的同时，制定较低的价位，推出品目众多的食品和饮料，并随意搭配。

（2）促销策略

广告：在各学校宿舍和食堂派发传单，加大宣传力度；在店门口放置每周新品宣传牌；店内柜台、点餐牌上对新品促销进行醒目宣传。

营业推广：在不同的节日推出不同的促销活动；发布团购优惠信息和现金券。

（3）销售渠道策略

营业之初的主要目标顾客群体就是在校大学生，在学生人流量大的地方做好宣传，通过店面直销的方式进行销售。业务不只定位在南通大学内部，南通有电子商务平台，可以加盟此类平台，以提供网上订餐服务，将业务推广到全市区。

（4）价格策略

制定中低等价格以吸引无固定收入的大学生。为尽快打响知名度，可以拟订出短暂的优惠期，进行市场推广，以便迅速强占市场，制造热卖场，引起目标客户群的广泛关注，并利用"羊群心理"的消费心理，逐步推出创新的服务卖点，保持市场热度。在客源稳定之后，则进行必要的筛选。

（四）财务分析

1. 资金预算

①营业设备设施：88000 元。

计算机、柜台、卫生用品、大堂设备及户外用品。

②厨房设备用品：85000 元。

炉具设备、加热保温设备、冷藏设备、排风设备、火锅设备、煮锅、蒸锅、煎炒锅、勺具、刀、厨房不锈钢器皿、食物储存容器、面包烘焙设备、厨房杂件。

③餐饮设备用品：52200 元。

饮水机、饮料机、陶瓷器皿、塑料器皿、榨汁机、咖啡机、咖啡壶、咖啡炉、玻璃器皿、餐饮不锈钢器皿。

④清洁卫生用品：1800 元。

拖把、扫帚、刷子、清洁工具、清洁护具、清洁剂。

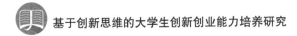

⑤洗涤设备用品：10800 元。

洗碗机、餐具消毒柜、洗涤筐、洗涤剂。

⑥餐椅餐桌柜架：84200 元。

基于环境营造需要，配置或定制相关家具，但要注意家具污染问题。

⑦其他设备用品：40000 元。

⑧装潢装饰：100000 元。

⑨场地租金：15000 元，按照月租费用测评。

⑩物料储备：20000 元，按照 3 天的储备周期。

总计 497000 元。

⑪员工工资与人数预算。

糕点师 2 名，4000 元 ×2=8000 元。

咖啡师 2 名，3500 元 ×2=7000 元。

服务员 3 名，2500 元 ×2=5000 元。

一个月工资预算金额 =20000 元。

⑫广告和推广活动：30000 元。

流动资金需求总额：547000 元。

2. 资金筹集

本企业是个体工商企业，已有资金 50 万元。因为是一个刚刚成立的公司，短期内是不会有太大的波动的，而且港式茶餐厅是迎合时代的风潮的，迎合了当今大学生的口味，便利和便宜，实惠又不拘小节，与其他竞争商来说有明显的区别，能够满足一大半的大学生。所以根据本公司的服务宗旨，茶餐厅是容易在市场上存活的，是容易打响茶餐厅的招牌的，从而吸引顾客光临。以这样的形势发展，茶餐厅是很有可能开分店的，甚至在全国各地乃至世界开分店。我们认为融资方式可以采取两种。

第一种方式是通过增加合伙人来扩大经营规模，年底根据盈利多少来分利。这样可以有效地在短期内筹集资金，扩大内需，运用更大的资金力量扩大企业规模，从而拓宽经营范围。同时资金充足，就可以引进先进技术，更新设备，提高企业素质，增强企业的经济实力和竞争能力。但是它的缺点是容易分散企业的控制权，公司内部分歧大。

第二种方式是通过银行贷款或者抵押等方式来融资。这样可以解决暂时的危机，利用充足的资金来调整公司，根据不同情况对症下药。所以我们公司决定采取第二种方式：向银行贷款 8 万元借 3 年作为长期借款成本。长期借款成本的通用公式为 K1=R1（1-T）/1-F，其中 K1 为长期借款成本，R1 为年利率，T 为企业所得税，F 为筹资费用率。我们公司为期三年的长期借款的年利率为 6.40%，每年付现一次，到期一次还本。企业所得税为 25%，企业筹资费用率为 0.5%，所以长期借款成本 K1=6.40%×（1-25%）/1-0.5%=4.82%。

3. 资本预算

①企业每年收入水平估算。

茶餐厅每日经营 12 小时，平均日接待客人 80 名，平均每人消费 30 元，日营业额 2400 元，一年按 360 天营业日算，总营业收入为 864000 元。

②根据流动资金对每年运营成本测算。

第一年度总成本费用 =651632.5 元。第一年度经营成本 = 总成本－折旧－摊销 =628000 元。

第二年度总成本费用 =649632.5 元，年度经营成本 =626000 元。

第三年度总成本费用 =654752.5 元，年度经营成本 =631120 元。

③企业每年净现金流（略）。

④企业投资必要报酬率。

无风险报酬率 =5%，风险报酬率 =15%。

必要报酬率 = 风险报酬率＋无风险报酬率 =20%。

（五）运营战略

1. 系统设计

茶餐厅的经营可借鉴快餐店的经营方式，集港式小食、西点、冷热饮、水果拼盘于一体，以环境好、上餐快、品种丰富、价格便宜为亮点，除提供各种中式菜品和当地特色菜品外，还可配备价格在 6～18 元不等的各种茶饮，满足各类消费者的需求。由于茶餐厅的主要收入来源于商务午餐，最好能免费为顾客提供一杯饮料或一碗汤。

2. 作业计划与控制

由于早餐时间需求集中，需求量大，早餐时间段可多备糕点和咖啡。根据第一个星期的营业情况，进行生产产品的数量和营业时间上的调整；根据季节不同，多准备当季受欢迎的产品。

（六）研究发展战略

定期轮流让糕点师和咖啡师接受培训，让他们学习先进的生产技术和作业技巧，促进他们能力的提高。鼓励他们研发新型受欢迎的产品，相应地发放奖金，根据顾客反映，对现有产品做口感或口味上的调整。

（七）人力资源战略

1. 人力资源规划

店长 1 名；

糕点师 2 名；

咖啡师 2 名；

服务员 3 名；

收银员 1 名；

清洁阿姨 1 名。

2. 招聘与挑选

在网站上投放招聘信息，或在公布栏张贴招聘公告。选择吃苦耐劳，有亲和力并有服务意识的青年人，毕竟容易和大学生沟通。其中，糕点师傅和咖啡师必须有工作经验，而且有独挑大梁的能力。选择一位有在茶餐厅做过服务员经历的做服务员领班。

3. 培训与激励

在开业前对员工的企业文化和团队意识进行培养，可以送他们去相关学校培训技能。制定评价与激励企业规章，对工作出色的员工予以荣誉和资金上的奖励。

（八）企业风险分析

1. 经营风险分析

（1）根据行业未来的市场供求状况的预测，分析企业的经营风险

市场是不断变化的，茶餐厅市场的供给与需求也在不断变化，而供求关系的变化必然造成餐饮价格的波动，具体表现为租金支出的变化和茶餐厅餐饮质量的变化和竞争力增强的变化，这种变化会导致茶餐厅投资的实际收益偏离预期收益。更为严重的情况是，当市场内结构性过剩（某地区相关的这类茶餐厅的供给大于需求）达到一定程度时，茶餐厅将面临竞争压力，导致资金占压严重、还贷压力增加，这很容易导致茶餐厅的破产，不能继续生存。

（2）结合企业生产经营的情况，提出降低企业经营风险的合理措施

一是树立危机意识，在强化基础管理上做文章，优化管理项目，加强设备维护，加强对食品的技术创新，努力提高食品的质量。

二是加强过程控制，强化目标管理，推行全面预算管理和燃料精细化管理，实现"事前预测、事中控制、事后分析"，对各项成本费用力求做到"精、准、细、严"，进一步做好资金的合理统筹、调度和安排，通过对资金的有效控制，降低资金使用成本，提高公司财务管理能力，有效遏制利润下滑势头，力争扭转被动局面。

三是组织召开一季度经营状况分析会，对所属企业一季度经营情况进行成本调查和财务分析，针对存在问题，制定相应的控制成本的有效措施。

2. 财务风险分析

资本结构是指企业全部资本的构成中权益资本与负债资本二者各占的比重及其比例关系。我们选择的是债务性资本融资。债务性资本融资具有很多优点，其中包括以下几点。筹资速度快，一般所需时间短。借款成本低，而且利息可以在税前抵扣，减少公司实际负担的利息支出，比权益性融资成本要低很多。借款弹性大，公司可以根据资本需要与银行直接商定贷款的时间、数量、金额，还可以变更借款条件。同时，还可以发挥财务杠杆作用，银行只收取利息，更多的利益则为公司所有。我们是对内投资，一般对内投资体现在固定资产上，在固定资产投资决策过程中，企业很有可能对投资项目的可行性缺乏周密系统的分析和研究，加之决策所依据的经济信息不全面、不真实以及决策者决策能力低等原因，使投资决策失误频繁发生，投资项目不能获得预期的收益，投资无法按期收回，这也给企业带来了巨大的财务风险。

因此，企业在进行任何一项投资之前，都必须对投资项目进行可行性分析，只有在综合考虑各项因素的基础上，且投资项目所产生的净现金流量测算值为正时才可进行投资。

第七章 大学生创新创业教育发展趋势

第一节 基于教育供给侧改革的创新创业教育

经济活动的两大基本因素是供给与需求。供给主要是指资源（土地）、资本、劳动力（企业家才能）及技术等生产要素之间的相互配合；需求通常是指经济增长的"三驾马车"，包括消费、投资和出口。供给和需求互为条件，没有供给的需求和没有需求的供给将导致通货膨胀或产能过剩。二百多年前，经济学家萨伊提出供给创造需求的定律，在"凯恩斯主义"的盛行下，供给学派的观念被否定，但仍然得到螺旋式上升发展。目前，我国经济存在供需失衡。经济发展的主要问题出现在"供给侧"，资源配置效率低无法满足当前经济新常态发展的要求。因此，2015 年年底，中央提出要去产能、去库存和降低成本等任务；2016 年年初，在中央财经领导小组会议上，习近平总书记首次提出要加强"供给侧"结构性改革，在扩大社会总需求的同时，提高"供给侧"的质量和效率。所谓"供给侧"改革是相对于"需求侧"改革而言，从供给方面入手进行的改革，通过生产要素的重新组合，提高生产力。生产要素重新组合不是依靠行政因素，而是充分发挥市场的调节作用，由市场来决定供求，破除生产要素体制障碍，由企业根据市场变化来决定生产运行项目。但"供给侧"改革需要政府通过政策引导、监管约束和提供公共服务进行。政府通过财政方面的税收减免引导企业行为，如开征环境污染税，减免企业和个人所得税，将生产要素从落后、过剩的产业中剥离出来，提高生产要素供给总量；通过监管，规范市场行为，解决市场失灵现象，弱化政府对劳动力市场的监督行为，将劳动力归还给市场。政府需通过提供公共服务来解决企业无法做到的事情，为生产要素的合理配置提供公共服务保障，为企业提供决策支撑。

一、教育供给侧改革的提出

教育供给侧改革的核心是扩大优质教育资源供给，优化教育资源配置，为受教育者提供更多、更好的教育选择，为其未来发展奠定基础，创造最丰富的可能性。围绕当前人才培养供需之间的结构性矛盾，推动高校教育的供给侧改革是主要的举动。教育供给侧改革正因互联网的发展而发生深刻变化，高校也将面临前所未有的战略机遇和挑战。教育领域被以互联网为代表的信息技术跨界渗透，呈现的系统性、规模化、数字化、个性化等都是教育变革应具有的特征。随着教育供给侧改革发生前所未有的结构性变化，教育的效率随之提高，教育的质量也随之提升。教育其实就是人才的供给和教育资源的供给，加强教育的供给侧改革才能够满足不同的教育需求。

（一）高校视角下的“供给侧”改革

1. 高校“需求侧”改革存在的问题

目前，教育结构失衡、两极分化严重、资源分配不均衡、专业设置雷同性大等问题正困扰我国各个高校，这将导致高校无法适应社会现实需求的发展。同时，传统“需求侧”改革促使高校片面追求规模和学科门类的大而全，但师资力量、教育教学设施等严重不足，影响人才培养质量，体现出大学生培养质量与市场需求脱节。另外，高校创新能力不足，能潜心从事教学科研工作的教师较少，处于低水平研究状态，很多教育工作者自己没有创业经历，无法高效地介入市场。

2. 高校“供给侧”改革的要求

当前，虽然一些高校办学标准严重超标，但相关教育部门仍然不断加大资金、师资和教学设施设备的供给，投入得不到有效监督，投入效果没有相应的评估机制。因此，应改革高校“供给侧”的一些突出问题，促进教育公平发展，提高教育质量。在新的历史条件下，“供给侧”改革需要从规模、数量上转向注重教育质量、效益和创新能力的提升。首先，优化教育结构，从专业设置入手，优化高校内部结构；从宏观上合理布局高校资源，使高校人才培养符合市场和地方经济发展的要求。其次，注重内涵式发展，提高教育质量，改进教育教学方法，改革重心从传统模式转向人才培养模式，把人才培养质量作为教学的主要目标，改变对教师的单一评价制度，实现教学与科研并重，注重培养学生的动手实践能力和创新能力。再次，注重对高校办学效益的评价，建立相应的评价体系，把有限的资源运用到效益较高的学校，引入市场资源，扩大办学资源的渠道，提高资源的利用效益。最后，走创新发展的道路。习近平总书记提出创新、协调、绿色、开放和共享的发展理念，其中，创新处于首要地位，创新是"供给侧"改革的必由之路。高校作为创新的主要阵地，应主动承担创新使命，加强机制体制创新，建立创新、创业文化，引导大学生树立创新思维，实现高校整体变革。

（二）大学生自主创业视角下困境分析

1. 大学生自主创业困境分析

第一，大学生创业缺乏资金和相应的社会资本，并且大学生的抗风险能力差。一方面，很难获得银行信贷支持；另一方面，对风险投资缺乏足够的责任心。第二，大学生创业知识和经验都不足，学校很少专门开设创业课程或创业培训讲座，大部分大学生创业没有任何创业知识和经历，所以他们在创业时通常选择风险较小的传统行业起步。第三，大学生没有创业市场及社会方面的经验。在不了解市场的情况下盲目投资，缺少必要的发展计划和操作经验，不了解消费者需求，会导致产品不能适销对路，一旦受到挫折，他们常常十分茫然，没有应对挫折的能力。第四，现有的创业环境还有待进一步完善。目前，虽然国家鼓励大学生创业的政策相继出台，但从总体来看，大学生创业还受到很多条件和观念的阻碍，与发达国家的成熟创业环境相比，我国创业环境在资金、政策、创业教育和培训等方面都有待完善。

2. 大学生就业困境分析

在目前就业人群中，除了应届大学生，还有往届未找到工作的，以及"供给侧"改革背景下的结构性改革所带来的企业下岗人员，诸多原因导致就业形势严峻。与此同时，许多企业却招不到合适的员工，专门技能型人才的岗位空缺，招工难与就业难并存，究其原因是人才质量的培养形式与社会需求不匹配。当前，高校专业及课程设置雷同，缺乏特色专业，不能按照社会需求变化调整专业设置，与企事业单位的需求脱节，不能将行业发展的最新东西传递给大学生，让大学生按照未来就业岗位要求完善自我，提高就业竞争力。另外，很多高校也没有完全适应社会经济发展的需求，没有加强对大学生的职业素质训练。除此之外，大学生就业观念也存在问题，许多大学生在大学期间没有忧患意识，不能及时了解相关行业的就业动向，导致其人际交往、沟通表达、动手及组织管理等就业能力都很差。

二、高等教育供给侧改革的核心与内涵

从经济学的角度来看供给侧改革就是指从供给、生产端入手，通过解放生产力，提升竞争力，促进经济发展。其核心在于提高全要素生产率，政策手段包括简政放权、金融改革、国企改革、提高创新能力等。其核心方法是提高生产函数中的全要素生产率，具体手段包括制度改革、调整资源配置结构及提高劳动者素质等。经济改革必然引领高等教育的改革，教育部原部长袁贵仁也指出"未来中国的发展，离不开高等教育提供的人才和智力支撑，离不开根植于高等教育的知识创新和技术应用"。高等教育的改革应从高等教育供给的一侧进行结构性改革，"高等教育供给侧改革"一词随中国经济的供给侧改革应运而生，高等教育供给侧改革在"十三五"时期，甚至更长的时间将处在一个突出位置上，将为中国经济未来的行稳致远、劳动力素质的提高发挥重要作用。因此，有必要了解高等教育供给侧改革的核心和内涵，做到有的放矢，富有成效。高等教育质量是高等教育发展的生命线，高等教育供给侧改革的核心任务是全面提高高等教育质量和效率，其内涵包括教育要面向现代化、面向世界、面向未来，实施高等教育的"优化组合"，提高人才培养质量，推进素质教育和创新创业教育，提升科学研究水平，增强社会服务能力，优化结构，办出特色，将高等职业教育纳入经济社会发展和产业发展规划，促使职业教育规模、专业设置与经济社会发展需求相适应，改进管理模式，引入竞争机制，促进教育公平，实行绩效评估，进行动态管理，转变教育发展理念，创新人才培养模式，深化教育体制改革，确保质量保障评估和现代教育制度建设等成为改革的重点。

三、创新型人才培养的供给侧改革

2015 年 5 月 13 日，国务院办公厅发布《关于深化高等学校创新创业教育改革的实施意见》（以下简称《意见》），《意见》指出，深化高等学校创新创业教育改革是国家实施创新驱动发展战略、促进经济提质增效升级的迫切需要，是推进高等教育综合改革、促进高校毕业生更高质量创业就业的更高举措。人才作为高等教育供给侧中的重要因素在新时期应具备更高的创新水平，实现供给侧改革与创新创业的对接要做到以下几点。

第一，根据经济社会发展需要，对某些学科专业数量进行控制，根据需要增设新专业，发展交叉学科，坚持学科专业有侧重性发展。设立有特色、有内涵的专业学科。对学校现有的学科专业布好局，做好顶层设计，集中建设与学校办学定位和办学特色相匹配的学科专业群，重点建设一批优势、特色、品牌

专业，将学科优势与专业建设紧密结合，使二者互相支撑，推动高等教育内涵式发展。世界上一流大学中没有哪一所大学能够覆盖所有的学科专业，要避免所谓"综合性""全科式"发展，避免高校学科专业上的盲目布点、重复设置、"多而散"的功利行为，建立学科专业设置的预警机制，把就业状况反馈到人才培养环节中来，科学合理地设置学科专业，通过教育教学改革，确定专业教学的内容和人才培养的方式。

第二，坚持以学生为教育主体，围绕学生特点创新教学模式。结合传统的知识结构与现代化信息技术教育方式，不断调整课堂教学方法，采用互动交流式与课堂辩论式等方法培养学生的批判性思维与创新性思维。充分利用现代信息技术，广泛借鉴国内外高校创新创业教育模式，如美国百森商学院的"强化意识"模式、斯坦福大学的"系统思考"模式与哈佛大学的"注重经验"模式。借探索供给侧改革的东风提升自身创新实力，将我国在创业创新教育的体系方面已有的经验做法推广出去，同时，在借鉴国外的教育模式的基础上结合自身情况形成提升创新能力的特色化道路。改变考核机制，完成从注重提高学生考试分数到提高学生解决问题能力的思想转变，着重考察和考核学生发现问题、提出问题、分析问题和解决问题的能力。

第三，促进教学与科研同步发展。深入思考和把握研究型大学的建设逻辑，深刻领会研究型大学"在创造知识的过程中培养创造性人才"的辩证关系，有效控制"科研漂移"现象；开展教育思想大讨论，进一步巩固本科教学的基础地位和人才培养的中心地位，努力营造教学文化氛围；加大投入，不断改善教学条件，进一步加强课程群与教学组织建设，着力增强学生的实践能力。李克强总理在《政府工作报告》中提出，要培育"工匠精神"。"工匠精神"也是增强学生创新实践能力不可或缺的重要品质，通过教育和引导，使学生养成精益求精、追求卓越的行为自觉。注重增强学生的实践能力，践行知行合一，提高解决实际问题的能力。

高校要多为学生提供动手的机会，与企业、科研院所和政府部门等密切合作，形成社会协同育人的格局。首先，改变高校的课程体系与人才培养策略，将专业教育与创新创业教育结合起来进行教学。高校的课程教育不能只局限于基础理论知识的传授，更要将培养学生的创新意识放在重要的位置上。课程体系设置要在夯实专业知识的基础上，将理论与实践相结合，注重创新意识与能力的培养。其次，充分利用社会公共平台，激活高校创新创业动力。在各大高校内部设置创业基地、大学生创业实践园等创业交流平台，开设创业辅导课程，营造大学生创新创业的学习实践氛围。最后，积极开展高校间创新创业交流合作。2015 年 6 月 11 日，清华大学发起并联合 137 所高校和 50 余家企事业单位及社会团体组成中国高校创新创业联盟，旨在整合社会资源，激发高校创新创业动力，让企业与高校实现对接，完善以企业为主体的产业技术创新机制，同时带动高校综合创新能力的提升。

综上所述，将创新创业与供给侧改革实现对接能够排除供给侧改革过程中长期积累下的结构性障碍，高校从培养创新型人才、加强科研成果转化能力等方面着手推动创业创新进而打造经济发展引擎，促进经济在转型中平稳发展。要以立德树人为根本，以中国特色为统领，以支撑创新驱动发展战略、服务经济社会为导向，提升综合实力，引领教育现代化，为国家发展、人民幸福、人类文明进步做出新的更大贡献。

第二节 "互联网 +" 背景下的创新创业教育

近年来，大学生整体数量呈明显上涨的趋势，这与有限的社会人才需求量之间形成了矛盾，导致很多的高校毕业生在毕业后难以找到合适的工作岗位。在高校毕业生就业辅导教育体系中开设专门的创业教育课程，教授学生关于创业相关的技能，使学生在毕业后能够开展自主就业，成了解决社会人才供需矛盾的不二之选。同时，近年来互联网发展十分迅猛，网上购物、订餐、共享单车等一系列服务行业逐渐盛行并发展起来。以淘宝、微商等为代表的电子商务创业平台，凭借自身低门槛、易宣传、范围广等特点受到了许多创业者的青睐，为广大的创业者提供了一个很好的创业平台。如今，随着网络经济的迅速发展，网络创业由于其对社会经验及资金需求少等特点，已逐渐成为大学生在就业选择当中一条较为重要的途径，现已成为大学生创业的首选。高校创业教育要想取得良好的效果，就必须紧跟社会时代发展的脚步，将互联网创业引入教学中来，利用"互联网 +"的优势作用，使高校创业教育取得创新式发展，为学生谋得更好的发展方向和更好的就业前景。

所谓的"互联网 +"，即两化融合的升级版，将互联网作为当前信息化发展的核心特征提取出来，并与工业、商业、金融业等服务业全面融合。其中的关键就是创新，只有创新才能让这个"+"有价值、有意义。正因如此，"互联网 +"被认为是创新 2.0 下的互联网发展新形态、新业态，是知识社会创新 2.0 推动下的经济社会发展新形态演进。通俗地说，"互联网 +"就是互联网加各个传统行业，但这并不是简单的两者相加，而是利用信息通信技术以及互联网平台，让互联网与传统行业进行深度融合，创造新的发展生态。

如今我们正处于"互联网+"的时代，在"互联网+"创新创业的时代大潮中，如何对高校学生进行创新创业培养，如何让学生获得更多的实践能力，已成为高校教育改革发展的重心，各高校更应该关注"互联网+"对高校创新创业教育所产生的影响，才能更好地改革高校的创新创业教育，才能培养出优秀的人才。

一、"互联网+"形式对创新创业教育的影响

（一）使高校对"互联网+"时代下的创新创业教育更重视

2017年应届大学毕业生高达795万，各高校就业创业任务将会更加艰巨。教育部明确指出"高校毕业生就业创业工作是教育领域重要的民生工程，要求强化就业创业服务体系建设，提升大学生就业创业比例"。大学生自身接受新事物快，利用互联网进行创业具有绝对优势。"互联网+"创新创业的诸多案例如雨后春笋般不断出现，这些成功更应引起高校的重视。

我国融合"互联网+"之后的创新创业教育正处于起步阶段，在高校教育领域中只有少部分院校重视创新创业教学，大多数集中在如何培养技能型人才和学术型人才上，创业意识薄弱。目前，部分高校受国家政策影响，已经开始转变其教育办学理念，更加注重创新创业教育，认为创新创业教育不应停留在表面，而应从教学计划、教学方案、人才培养、教学评估等方面进行改革，从而为学生的创业提供很好的知识技能基础。

（二）打破了对创新创业教育的认识误区

我国的创新创业教育起步晚，很多大学生对"互联网+"创新创业认知不足，存在认识上的误区，很多学生错误地认为"互联网+"创新创业就是开淘宝店、做微商等；同时，高校主要培养学生利用和使用互联网来营销、运营的能力。随着创新创业已成为国家热议话题，创新创业越来越引起大家的重视和关注，因此，"互联网+"创新创业教育要让高校和学生重新认识互联网创新创业究竟是干什么的：所谓的电子商务专业只是适合大学生创新创业的方式之一，高校应把创新创业教育作为一种生存技能进行培养和训练，让学生将专业知识与互联网运用能力融合起来，同时，着重培养学生的创新意识、创业能力。

（三）使创新创业教育与"互联网+"更加融合

在创新创业教育过程中，创新创业精神、专业技能理论与实践经验缺一不

可。目前，"互联网+"对国家经济及教育的影响巨大。首先，部分高校已开始打造电商校园创业大赛，使学生可以置身创业的实战场景，从而增强创新意识，激发创业动力，为创业成功奠定基础；其次，部分高校还成立了电商创业协会，将创新创业教育与学生社团活动结合；最后，有的学校还实行校企联合办学，共同促进"互联网+"时代下的创新创业教育发展。

（四）对教师师资队伍提出了更高要求

"互联网+"时代对当代大学生的创新创业教育的要求会越来越高。那么，对于教师队伍的要求也会相应提高，教师不仅要跟上时代潮流，多接受新鲜事物，还应提高自身的素养。这也就要求教师要和学生一起学习新知识，共同推动"互联网+"形式下的创新创业教育发展。

二、"互联网+"创新创业教育的价值特征

"互联网+"无形中逐渐渗透到我们的生活中，在我们的生活中每时每刻都可以看到它的身影。它不仅影响和改变了我们的生活与生产方式，还产生了大量新的市场需求。这些不仅为我们的创新创业活动提供了巨大的动力，也引发了新一轮的创业高潮。对创新创业教育而言，它为创新创业教育的改革提供了很大的空间。在"互联网+"时代，创新创业教育的价值特征可解释为："互联网+"创新创业教育的价值目标应该顺应"创新、协调、绿色、开放、共享"的发展理念，让大学生在学习课堂知识的基础上实现全面自由发展，成为具有创新精神和竞争能力的创业者。

（一）提高专业能力是"互联网+"创新创业教育的基础

专业能力是劳动者从事所在职业或岗位工作所必需的能力，是个体赖以生存的核心本领。在"互联网+"时代的创新创业教育中，要更加注重对学生的智能软硬件、互联网应用、大数据处理等技术手段和工具的培养，增加学生的专业知识，使其能满足学生自身未来的职业发展和社会的需要。同时，这还能提高学生应对专业上的困难的能力，缓解自身的部分社会压力，使学生能够真正有效地激发自己或团队的发展潜力以及提高运用个人或集体智慧突破各种发展"瓶颈"的能力。也就是说，要让学生在创新创业教育中真正提高专业能力，并将专业能力运用到专业实践、资源获取、跨界融合、创业行动中去，从而在实践中得到更好的锻炼。

（二）具有工匠精神是"互联网＋"创新创业教育的核心

为适应经济新常态下我国经济社会发展与产业转型升级带来的新人才观，"工匠精神"被重新提出。"工匠精神"指的是工人对生产、制造、加工的产品精雕细琢、精益求精，追求更完美的工作理念。工匠精神以"打造本行业最优质的、其他同行无法匹敌的卓越产品"为目标。当前，在"互联网＋"时代，无论是德国版的"工业4.0"还是中国版的"中国制造2025"，都趋向智能化制造、服务型制造、柔性化生产、个性化定制、参与式创新等，深刻反映了这个时代的特征，激发出整个社会的创新、创业激情，促进了传统的生产方式向互联网生产方式的转型。因此，"工匠精神"在很大程度上代表着新的生产理念、创新创业理念、社会共识与社会心理表达。

在"互联网＋"创新创业教育中，必须注重让学生参与创新、创造，树立对职业敬畏，对工作执着，对产品负责的态度，只有将一丝不苟、精益求精的"工匠精神"融入每一个环节，才能做出打动人心的产品，使"工匠精神"真正刻在学生的心中。

（三）增强协同发展的意识是"互联网＋"创新创业教育的关键

"互联网＋"及其所推动的产业变革，将会为未来经济带来新的增长点，而且会直接或间接地推动就业、创业、创新方式的变革。这是因为一方面，"互联网＋"其实就是"创新2.0时代"，以其用户创新、大众创新、开放创新、协同创新等特点促使经济发展模式朝着开放经济、共享经济、创新经济加速迈进，推动新业态、新模式、新技能不断涌现；另一方面，"互联网＋"时代我国教育的改革发展方向必然会呈现这样一种价值取向，即通过"互联网＋"驱动人才培养，信息技术利用的"工具"成为教育与社会联通的"道路"，而且"开放化"与"协同化"也将成为教育发展的外部特征。这也意味着，"互联网＋"时代的创新创业将是一种全新的开放式创新创业模式，增强协同发展的意识也就成为关键。为此，各类学校应主动适应科技创新、社会发展和产业升级的需要，更加注重开放协同，更加注重培养学生的能力，使其能够将不同人群、不同机构、不同资源整合到自己的创新创业过程中，从而形成协同效应。

（四）促进全面发展是"互联网＋"创新创业教育的目标

各类院校的新使命是为社会培养创新创业者，虽然学术界和实务界对创新创业教育的目的有不同的认识，但是培养具有社会责任感、创业精神、实践能力的社会公民是创新创业教育的基本功能。"互联网＋"时代创新创业教育的终极目标应为促进"全人发展",充分激发潜能,培养完整个体。一方面,"互联网+"对创新创业教育所产生的影响,不仅仅是教育理念革新、教育形式重构、教育内容和学习方法的变革,更主要的是对具有"跨界、融合、开放、共享"思维的未来劳动者提出了明确要求,要求学生提高综合素质和能力。另一方面,"互联网+"为学生提供了更大的个人发展舞台,也提供了自我实现的综合杠杆。因此,以"全人发展"作为"互联网+"时代创新创业教育的根本目标,既符合学生自身发展的需要,又体现了"互联网+"时代对人才的诉求,还顺应了未来社会发展的要求,直接凸显了创新创业教育的内在价值,与"互联网+"所蕴含的逻辑内涵具有内在的一致性。

三、"互联网+"时代下大学生创新创业教育新模式

(一)"立体式"的创新创业教育新模式

从我国创新教育工作的开展情况来看,"立体式"的创新创业教育新模式的主体主要指的是以下三个方面:一是年级;二是学生;三是高校。"立体式"的创新创业教育新模式需要从以下几个方面入手:一是从不同阶段的学生具有的专业特点、成长特点等入手;二是从不同层次的学生具有的专业特点、成长特点等入手,以因材施教为目的,促进教育效果不断提高。首先,根据年级特点来开设不同的课程。一般同一个年级的学生具有的特点基本相似,思维模式、思想等也大部分相同。因此,在初级阶段设置一些非常基础的课程,如"职业生涯规划""创业基础"等,并有效开展各种课外创业活动,如"小发明""创意比赛"等,有利于增强低年级学生的自信心。在中等年级设置一些激发学生积极性的课程,为他们提供创新创业方面的指导,并让他们了解公共关系、社交活动等,如营销类的课程、管理类的课程等,对于增强学生的创新思维能力有极大的作用。在高年级开设一些实习、观摩的课程,如创业实习、就业指导等,可以大大提高他们的实践积极性,并在教师的辅助下增强学生的创业能力,对于全面提升他们的创新创业能力有着重要影响。

其次,根据学生的特点来实施个性化教育。不同的学生有自己的个性特点,因此,在"互联网+"时代下实施创新创业教育,可以利用学生的个性特点来增强他们的创新意识,并提高创业素质,从而在挖掘学生兴趣、爱好等的基础上,促进学生实践能力进一步提高。

最后,根据高校特点来开设课程。我国当前的高校主要分为以下几种:一是研究型;二是综合型;三是应用型。同时,有重点高校与普通高校、理科类

型与文科类型两个类型的区分。因此，应根据高校的特点来开设课程，选择最合适的教育方法，采用不同的创新创业教育模式，培养各方面能力较强的优秀人才。

（二）"三位一体式"的创新创业教育新模式

目前，"互联网+"时代下的创新创业教育新模式，对"三位一体式"比较看重，其主要由以下三个部分组成：一是理论基础；二是模拟实践；三是实践练习。采用这种新模式，不仅能让学生掌握扎实的基础知识，还能通过模拟公司开办流程、上班流程等方式，激发学生的创新创业热情，从而在学生参与各种社会实践和加强校企合作的基础上，真正为高校学生未来良好发展提供大力支持。

（三）"网络式"的创新创业教育新模式

在互联网发达的今天，创新创业教育者已经对"网络式"的新模式有了新的认识，在一定程度上可以缓解学生因资金不足带来的创新创业压力。目前，"网络式"的创新创业教育新模式主要包括以下几种：一是网络购物；二是"威客"类型；三是网络写手类型；四是网络推手类型。以网络购物类型为例，相关调查和研究发现，网络购物类型的创新创业教育新模式主要包括以下几种：一是自营网店；二是淘宝客服；三是网络模特；四是网购砍价人员；五是淘宝设计师；六是淘客。在不同学生根据自己的实际情况、爱好、兴趣等选择创新创业项目的情况下，他们可以大胆实践，并且不需要考虑高成本带来的压力和负债等，如某些学生具有 Photoshop、JavaScript、PHP 等方面的专业知识，并有较强的想象能力、创新意识等，则可以应聘到淘宝做设计师，不但能发挥学生的专长，还能促进学生社会实践能力的进一步提高。

（四）"在线课堂"的创新创业教育新模式

在"在线课堂"的教育模式下，上万人可以同时进行学习，并以学生自身的兴趣为主要教学内容，不会受时间、地点和空间等的限制，只要有网络就可以学习。同时，学生还可以回顾以前没听过的内容，十分快捷。

"互联网+"的实施，无疑将为我国传统产业的转型升级注入根本性的变革力量，促进产业的数字化、网络化、智能化，这正是我国实施"中国制造2025"战略的核心所在。在我国深入推进经济结构转型，全力构建创新型国家的关键阶段，各高校只有坚定不移地贯彻党和政府对新时期大学生创新创业教育工作的要求，才能为中华民族伟大复兴的稳步推进输送更多的优秀人才。

第三节　生态系统视角下的创新创业教育

在发展心理学中，布朗芬布伦纳提出了生态系统理论，即个体发展模型。他从社会价值角度思考，生态系统理论其实是一种共生共存的组织系统，该理论将影响人类行为的环境分为四个层级，从内到外分别为微观系统、中观系统、外观系统和宏观系统。

微观系统直接影响个人的发展，是包容个人的中间组织；中观系统影响微观系统间的互动关系；外观系统是微观系统的一种延伸，间接地影响个人；宏观系统是一种较大的环境系统，如经济、社会、教育、法律及政治系等。生态系统理论强调多重环境对人类行为及其发展的影响，试图通过改变人与环境之间的相互作用，使人的需要与其所处的微观、中观、外观与宏观环境之间更好地协调互动。

虽然我国高校创新创业教育取得了阶段性的成果，但其缺陷显而易见，纸上谈兵较多，联系实际较少。在剖析国家、区域和企业三个层面的生态模型的基础上，实行一种新的创新创业教育模式，实践证明，这种模式对创新创业型人才的培养有良好的效果。

一、创业生态系统理论

（一）国家层面的创业生态系统

早在 20 世纪 90 年代，产业、政府和大学三者在知识经济时代就存在新的关系。产业作为进行生产的场所，承担最终产品问世的重任；政府作为契约关系的来源，应确保稳定的相互作用与交换；大学则作为新知识、新技能的来源，是知识经济的生产力要素。大学、产业和政府在保留自身原有作用和独特身份的同时，每一个又表现出另两个的一些能力。三者交叉、结合，角色互换，多边沟通，由此形成持续的创新流。

在英国，人们十分注重"敢于失败"的文化和教育、政策监管的有效性。他们认为，创业具有不确定性和风险性，如果创业一开始没有成功，则需要再尝试一次。对于创新者来说，失败是成功的必修课，创新者必须学会面对失败。因此，创业失败率高，就不鼓励创业是一种短视和错误的看法。

创新创业教育不仅仅是知识的转移，国家层面的创新创业生态系统必须重视技能和态度的重要性。在任何领域，成功的关键都是专注于在一次次失败中获得经验和教训，而政府的作用就在于鼓励和帮助不敢面对创业失败的大学生寻找经验和教训，保护知识产权，从而在"政府—产业—大学"的合作中发挥重要作用。

（二）区域层面的创业生态系统

当前欧盟各国的创新创业教育主要有三种不同的发展路径：第一，国家制定专门的创业教育发展战略，从政策层面支持创业教育发展；第二，政府不制定专门的创业教育战略，通过将创业教育理念、内容、目的、手段等嵌入某一国家战略之中，如教育改革与发展战略、终身学习体系构建战略、经济发展战略等，体现了更加注重创业教育与社会经济发展战略的融合；第三，既不设定专门的创业教育战略，也不将创业教育融入其他发展战略，而是由政府相关的职能部门通过单独或合作的方式推动具体创业教育项目、计划，更加充分地调动全社会的积极性，从微观层面自下而上地形成关注创业、参与创业的社会氛围，推动创业教育发展。2013 年，欧盟通过《2020 创业行动计划》，提出了系统的创业教育行动战略，强调终身创业能力的培育，从欧盟与成员国层面制定基础教育与高等教育两阶段的创业教育规划，提出为不同人群制定创业教育服务，为欧盟成员国创业教育体系建设指明了方向。我国的创新创业教育始于1999 年 1 月，教育部出台《面向 21 世纪教育振兴行动计划》，其指出要加强对教师和学生的创业教育，鼓励自主创办高新技术企业。1998 年，清华大学举办了"首届创业计划大赛"，开创了高校创新创业教育的先河。1999 年，教育部在《面向 21 世纪教育振兴行动计划》中明确指出要"加强对教师和学生的创业教育，鼓励他们自主创办高新技术企业"。2002 年，清华大学、中国人民大学等 9 所院校被确定为实施创新创业教育的试点院校，教育部提出给予政策及经费支持，标志着我国高校创业教育的正式启动。此后，从创新创业课程体系建设、师资队伍建设、实践基地建设等方面对省级教育行政机构、部属高校和国家级大学科技园区提出纲领性的创新创业教育建设意见。2010 年，教育部颁布《关于大力推进高等学校创新创业教育和大学生自主创业工作的意见》，成为我国高校创新创业教育进入全面推进阶段的标志。2014 年 12 月 10 日，教育部下发《关于做好 2015 年全国普通高等学校毕业生就业创业工作的通知》，要求全面推进创新创业教育和自主创业工作。创新创业教育在高校得到了不同程度的实施，逐步形成了具有特色的创业教育模式。

二、我国创新创业教育生态系统平衡发展的症结剖析

近年来，我国日益重视创新创业教育，提出了创新创业教育的理念，鼓励大学生创业。自进入 21 世纪以来，我国学术界也从不同角度关注高校创业教育研究，主要涉及创新创业教育内涵、创新创业教育体系、管理模式、课程体系、创业环境、创业文化、创业动机、创新精神和创业意向、创业力评价方法、创业基地、创业模式等方面。曹胜利等认为，高校创新创业教育可以通过基础层面、实践层面、保障层面与区域社会经济发展实现互动。梅伟惠、徐小洲提出，中国学校创业教育应采取"观念指引、分类建设、制度保障"的发展思路，树立立体创业教育观，重点加强师资团队与课程两个核心环节的建设，建立促进创业教育良性发展的支撑体系。黄兆信等认为，应将创业教育重心从提高就业率向提升就业层次、从以自主创业为主向以岗位创业为主、从注重创业实践教育向培养专业的复合型人才转变，实现高校创业教育的跨越式发展。创新创业教育的主要问题是教育观念相对滞后、目标定位失准、社会认可度不高、创新创业教育环境相对缺乏，需要重新定位创业教育价值取向、知识结构、实施策略的重要性。

创新创业教育应该重视与思想政治教育的协同。创业思想渗入专业教育，搭建创业教育教学平台，将教师创业教育与学生创业教育并重，将创业课程植入培养方案，建立创业实践基地，实现创业教育与地域经济社会发展互融，提升我国高校创业教育的整体水平。建设创业教育生态系统，强调其针对性和协作性，创业教育涵盖校内和外部组织及个人，并通过有效协同实现"产学研"的良性循环。创新创业教育是一个复杂的系统工程，涉及高校间的物质循环、信息传递和资源互补，是一个具有开放性、循环性、永续性、整体性等特征的生态系统。通过研究我国创新创业教育的发展现状可以发现，目前，我国高校在创新创业教育中将已有的优势资源与创新创业教育对接，但面向协同培养的生态系统还存在很多问题，具体表现在以下几个方面。

（一）创新创业教育观念相对滞后

目前，教育观念较为封闭、保守，创新创业教育的社会认可度不高，人们缺乏对创业教育的本质性认知。学校领导和教师对创业教育的地位和作用认识不足，职能部门对创业教育的支持力度不够，高校开展的创业教育尚不能满足学生需要；大学生作为创业的主体，大多认为创业教育只是针对少数创新能力强的优秀学生，未意识到创业是当代大学生所应承担的一种社会责任，存在创业认知偏差。

（二）制度政策保障不足

政府对大学创业教育没有起到充分的主导作用，没有通过制定政策为高校创业教育创造良好的生长条件和外部环境。虽然各级政府在高校创新创业教育方面出台了很多宏观的指导政策，但执行力度不够，缺乏在具体操作层面的落实，大学生创业所需的规章制度和配套措施不完善，制度政策保障不足成为大学生创业积极性差、创新创业教育效果不理想的重要原因。

（三）高校创新创业教育体系不健全

高校创新创业教育培养目标定位不明确；没有完善的教学体系和教育理论框架；师资力量薄弱，知识储备不足，教学模式单一，缺乏授课技巧，缺少创业经历；没有完善的课程体系，没有开设相关的课程或仅为面向部分学生的选修课程，无法与专业教育、素质教育结合；缺乏实践教学和训练；教学方法、教学组织和评价方法有待结合创新创业教育的需求改进。

（四）创新创业教育资源未得到有效整合

尚未形成系统性的创新创业生态系统，缺乏高校创新创业教育活动的整体联动，协作的研究对象仅限于某一具体经济圈，协同平台单一，如只考虑科教结合、校企合作等单一方面，忽视国际交流；对创新驱动的研究主要围绕需求、产业投入和要素投入展开，对知识群体创业本身及与创新驱动的关系研究不足，忽视了与区域经济的互动互促。政府、科研院所、社会、学校、家庭对于创新创业教育尚未形成良性多元多赢格局。教育主管部门对于创业教育投入不足，无法突破创业资金瓶颈和制度壁垒。高校没有提供足够的配套政策与财力支持，难以真正调动师生的积极性，创业教育形式单一，创业教育质量无法保证。尚未有效整合社会及企业资源，大学生可实践的创业平台匮乏，创业理论与实践脱节、知行不一。产学研之间没有实现紧密结合，科技成果转化层次和转化率较低，创业效果堪忧。

（五）风险投资基金的倾向性及资金短缺

在创业资金支持上具有明显的风险投资倾向，对创新创业教育在资源、资金上投入较少，专项资金和配套资金不足，高校创新创业教育难以全面开展，政府、企业、校友资助资金少且没有专门部门来有效整合，导致高校缺乏创业教育资金，难以构建高校创业教育生态系统。

三、协同视角下创新创业教育生态系统的构建

（一）搭建创新创业教育的协同培养平台

搭建创新创业教育的协同培养平台既涉及高校内部协同，也涉及强调政校企联动的高校外部协同。

1. 搭建校内教育平台

校内教育平台包括创新创业教育课程平台、校内创业实践活动平台、校内预创业平台、师资建设平台、跨学科协同育人等，通过理工结合、文理交融，实施"双学位、双专业、主辅修"制，夯实基础，拓宽口径，全方位、多渠道创建良好的协同育人环境，不断提高学生的社会适应能力。

2. 开展院校协同培养

通过与国内外高校进行校际的合作，搭建院校创新创业协同培养平台，通过学生交换、师资建设、科研合作及教材开发等方式充分实现学术资源共享，实现联合办学模式。

3. 引企入校协同育人

利用企业和高校双方各自的优势，以"融汇资源，搭建平台，策划指导，扶助成长"为指导方针，致力于汇聚社会、行业、企业、学校的各方资源，通过企业对创业团队和创业项目的扶持和指导，实现学生创业项目与市场的真实对接。

4. 校政合作协同育人

"卓越计划"的实施对"校政合作"的广度和深度提出了更高要求。按照"卓越计划"模式的要求，在既定的体制框架内，"校政合作"要在目标机制、动力机制、运行机制、评价机制四个方面进行机制创新，从而发挥政府的指导作用。

5. 强化科教协同育人

提高学生的创新研究能力。开展科教资源平台共建共享协同育人，实施以研究型、探究式为主的培养模式，鼓励大师、学术水平高的教师参与本科教学和本科生创新能力的培养。

6. 扩大国际交流协作

拓宽学生的专业学术视野。通过专家讲学、师资进修、学习交换、双语授课等多元渠道吸取国外高校的先进经验，提高专业办学水平和质量。

（二）构建"八个四结合"的创新创业协同育人生态系统

为实现各个平台的深度合作和有效联动，系统制定卓越创新型人才培养方案和培养模式，在良好的创业环境和文化氛围下，拟构建"八个四结合"的协同育人生态系统。

"创新精神、创业文化、创业链条、知识创业"四结合，树立先进的创业理念，创业教育理念关系到创业教育的发展方向。现阶段创业教育的核心是创业精神的培养，包括创业需求、风险承担、抗挫折能力等心理素质的培养。创业教育要培养激情勃发的创业者，首先要培养创新精神。创业教育是个系统工程，传统的创业教育处于相互割裂的、狭隘的封闭状态，迫切需要形成相互沟通、良性循环的创业链。知识在经济社会发展中发挥至关重要的作用，需要将知识创业作为创业的重要因素。

"思维创新、技术创新、自主创业、岗位创业"四结合，明确创业教育原则，创业教育的广泛性与持续性决定了创业教育需要坚持思维创新、技术创新、自主创新和岗位创业结合的原则。创新思维是开展创业活动的先导，创业教育的根本要素归结于培养创新主体的创新思维能力；创业需要技术的支持，创新创业教育的核心价值在于引领创新技术增加社会价值，将知识转化为生产力。高校创新创业教育迫于就业压力普遍强调自主创业，培养新企业的创办者，但从长远发展规划来看，高校创新创业教育应该重视"岗位内创业者"，在现行公司体制内发挥创业精神，促成新事物的产生，从以培养自主创新者为主向以培养岗位创业者为主转化，以更好地满足岗位的要求。因此，"四结合"的创新创业教育原则兼顾思维创新和技术创新、自主创业和岗位创业。

四、将生态学的分析视角引入创新创业领域的可行性分析

从创业的生态学研究视角来说，创业活动的发展就像一个刚出生的婴儿，经历孕育、出生、成长和成熟等各个阶段，因此，创业活动就和人生一样，在每个阶段都需要其特定的成长环境和资源，创业活动自始至终都与外部要素存在相互依存的关系。同时，创业活动的发展过程遵循优胜劣汰的竞争原则，创业活动的广泛推进也依托于具体的创业环境。因此，创业生态系统是由创业企业及周围的环境组成的一个动态平衡系统，两者之间相互影响、共同发展。

（一）创新创业活动是有生命力的组织活动

基于生态学原理理解创业活动的起点，创业活动的发展过程好似一个从

孕育到诞生，并且逐渐成长、成熟的生命体。创业始于对创业机会的识别。在机遇与挑战并存的市场经济环境中，各种信息、各类资源纷扰交错，创业者在创业活动的孕育期必须从复杂的环境中寻找到对自身创业活动有价值的资源和信息。创业者在创业活动的种子期需要确定创业方向和目标市场，寻找合作伙伴，将更多相关资源引入创业项目中，建立企业作为创业基地。创业者在创业活动的发展期必须根据创业方向为企业设定一个总体战略目标和经营模式。当企业经营活动步入正轨后，随着经营规模的扩大，企业逐步进入成熟期，其主打产品已占有相当一部分市场份额，并且为企业创造了可观的经济效益，使企业资金逐渐充裕并稳步运作。从孕育到企业发展成熟，在整个创业过程中企业必须不断汲取资源，同时，与外部支持要素保持密切的交流，与之相互依存。

（二）创新创业活动具有自我调控调节机制

在整个系统中，一个创业群落的发展会影响另一个创业群落的发展，影响并改变创业环境，一旦创业环境改变，系统中不适应现有环境的生态系统又会进行自我调节，整个生态系统中都在不停地重复这个过程，这种调控特性促使整个创业生态系统稳定在一个动态平衡的状态。创业群落与创业环境经过长久以来的适应共存，逐渐形成了一套相互协调控制的机制，主要表现在以下两个方面：一是对创业群落结构间的调控；二是创业群落与周围创业环境之间的相互调控。创业环境影响创业群落的成长，创业群落也能改善创业环境。这些调控机制使群落与群落间、群落与环境间达到协调的动态平衡。

（三）创新创业活动拥有开放系统系列特质

创业系统与生态系统一样也是一个开放的系统，从创业组织到创业生态系统、创业群落和周围环境都是开放的，从外界输入各种资源，经过创业群落的加工转化，最终形成产品输出给消费群体，从而维持整个系统有序循环的状态。例如，一个功能完备的创业园区系统，也无法脱离整个社会市场系统单独存在，需从周围创业环境中获取各类创业资源，经过创业园区内部的复杂转化过程，最终形成创业成果输送到外部市场。

（四）创新创业活动的开展依托于周围环境

生态环境以整个生物界为中心，围绕生物界并构成生物生存的必要条件的外部空间，包括大气、水、土壤、阳光及其他无生命物质等。生态环境直接影响生物的生存和发展，进而影响整个生态系统的平衡和稳定。生物的生存和发展依赖于生态环境，不利的生态环境会阻碍生物生长，甚至会导致其灭亡。从这点来看，创业环境无疑是创业活动生存和可持续发展的必备要素。创业环境就是企业的生存环境和活动空间，它决定企业的生存状况、运行方式及发展方向。不同的创业环境会衍生出不同的创业活动主体，目前许多国家都非常重视创业环境的建设。此外，虽然创业环境对企业的生存和发展起到一定作用，但并不意味着创业主体只能被动地适应环境，如同生态系统中所存在的生物与生态环境之间的交互作用一样，创业主体可以通过创业环境汲取有价值的资源，并在创业环境中成长、成熟，在这一过程中也通过创业活动改变创业环境，这就形成了创业活动与创业环境之间相互依存的紧密联系。

（五）基于生态系统理论的大学生创新创业影响因素分析

生态系统理论整合了影响教育的各项因素，提出了各要素之间的相互影响关系，是创新创业教育研究分析的全新思考。从生态系统理论的角度来看，课程是创新创业的微观系统，是学生教育中直接接触的部分；导师是中观系统，他们联系学生与课程，影响微观系统之间的相互关系；政策是外观系统，与学生之间并无绝对的直接关联，但政府的政策影响大学生创新创业教育的发展情况；文化是宏观系统，它抽象、模糊，却反映了社会发展的趋势，也宏观地指挥着创业教育的方向。同时，基于生态系统理论的支撑和数据的分析发现，要使创新创业教育更具有活性，就必须关注资金对于整个系统的影响。

五、基于创业生态系统的创新创业教育模式

（一）模式的运转中枢

2009 年 11 月，东北大学秦皇岛分校成立了"创新创业与风险投资研究所"（以下简称"创投所"），作为一个研究和社会服务机构，自然而然地承担起衔接校内创新创业教育与创业生态系统的桥梁作用。在创投所的推动下，学校与秦皇岛港城创业中心（国家级孵化器）建立了良好的合作关系，并最终促成河北省省级校外实践基地的挂牌。创投所与经贸学院团委合作，开设"企业家进校园"品牌讲座，该讲座每两周举办一次，邀请创业成功的企业家进入校园现身说法，从而成为学生接触社会的一个窗口。创投所通过举办"企业家培训班"，不仅服务本市创新型企业，也成为本市企业了解高校的一个关键通道。

创投所每年还组织一次"中国创新创业大赛东秦选拔赛"，鼓励师生合作组建创业团队，促进本校科技成果的商业转化。创投所与秦皇岛经济技术开发区管委、中国科技金融促进会合作，设立创新创业试验与培训基地，该基地将架起政府、企业、高校互相促进的桥梁。

（二）模式的主要表现形式

由大学生创新中心、经贸学院与创投所通力合作打造的"创新型企业商业计划路演大赛"是东北大学秦皇岛分校嵌入创业生态系统的创业教育的主要方式。它为真实创新型企业设计的比赛，吸引了众多风投机构的参与，为创新创业生态系统和学校的创新创业教育注入了新元素，成为政府、企业和高校结合的完美典范。

该大赛所起到的作用如下。第一，学生可以在就业面试中信心大增，拿出自己制作的商业计划书，获得工作机会。部分学生被证券公司录用从事投资银行业务。第二，部分学生看到实习企业的发展前景，果断进入此类企业工作，很快得到提升并在企业中担当重任，成为创业团队核心成员。第三，有少数学生毕业后走向创新创业之路，快速实现销售和融资，使企业得以生存和发展。

从表面来看，中国高校当前纠结于创业教育该如何深度推进以提高实效的问题；然而从深层次来看，中国高校在社会创业生态系统中，正面临生态位迷茫的问题。所谓生态位，是指生物种群在以环境资源或环境条件梯度为坐标而建立起来的多维空间中所占据的空间和位置。生态系统中每个物种都有自己的生态位。生态位越宽，种群可利用的资源种类越多，对周围环境的适应能力越强。家庭教育、学校教育、社会教育，每个系统都有自己的教育要素、媒介和工具。

根据生态学最少因素理论，当生态系统中一些特定因子处于最小量状态时，其他处于高浓度或过量状态的物质可能起补偿或替代作用。改革开放后，由于制度变革带来了大量市场机会，那些参与创业活动并取得良好收益的创业者，会在周围人群中产生积极的跟随效应，民众对于如何更顺利、更便捷、更有效地从事创业活动有了潜在的巨大学习需求。这本来应该是高校创业教育发展的大好时机，但中国办学机制的不健全与封闭使在校的学生无法及时或根本无法获得相应的创业知识，造成社会创业生态系统中潜在的创业者群体无法从高校获取足够的创业教育"营养和资源"，只能转而求助其他主体。当其他主体可以基本满足这种需求时，就使社会创业生态系统的"创业教育供需矛盾"得到缓解。

参 考 文 献

[1] 吴自力，赵广辉. 风险投资与二板市场 [M]. 南宁：广西人民出版社，2001.

[2] 徐向艺. 创业管理 [M]. 北京：化学工业出版社，2011.

[3] 徐小洲，夏晓军. 创业教育：职业院校版 [M]. 杭州：浙江教育出版社，2009.

[4] 杜跃平，段利民. 技术创业：技术项目评价与选择 [M]. 西安：西安电子科技大学出版社，2010.

[5] 韩国文. 创业学 [M]. 武汉：武汉大学出版社，2007.

[6] 蒋璟萍. 大学生创业环境论 [M]. 北京：知识出版社，2003.

[7] 李学东，潘玉香. 大学生创业实务教程 [M]. 北京：经济科学出版社，2006.

[8] 李芏魏. 大学生创业宝典 [M]. 北京：中国商业出版社，2013.

[9] 尹琦. 大学生创业原理与实务 [M]. 北京：高等教育出版社，2011.

[10] 梁良良. 创新思维训练 [M]. 北京：新世界出版社，2009.

[11] 曹莲霞. 创新思维与创新技法新编 [M]. 北京：中国经济出版社，2010.

[12] 胡飞雪. 创新思维训练与方法 [M]. 北京：机械工业出版社，2009.

[13] 张正华，雷晓凌. 创新思维、方法和管理 [M]. 北京：冶金工业出版社，2013.

[14] 薛培军，蒋小平. 大学生就业与创业教育教程 [M]. 郑州：河南人民出版社，2012.

[15] 焦连合. 大学生创业实务教程 [M]. 北京：中国青年出版社，2014.

[16] 唐加军. 中美大学生创业教育比较研究 [D]. 成都：四川师范大学，2011.